U0013014

suncolor

suncolor

學習。
在一起的幸福

／鄧惠文

suncolor 三采文化

目錄

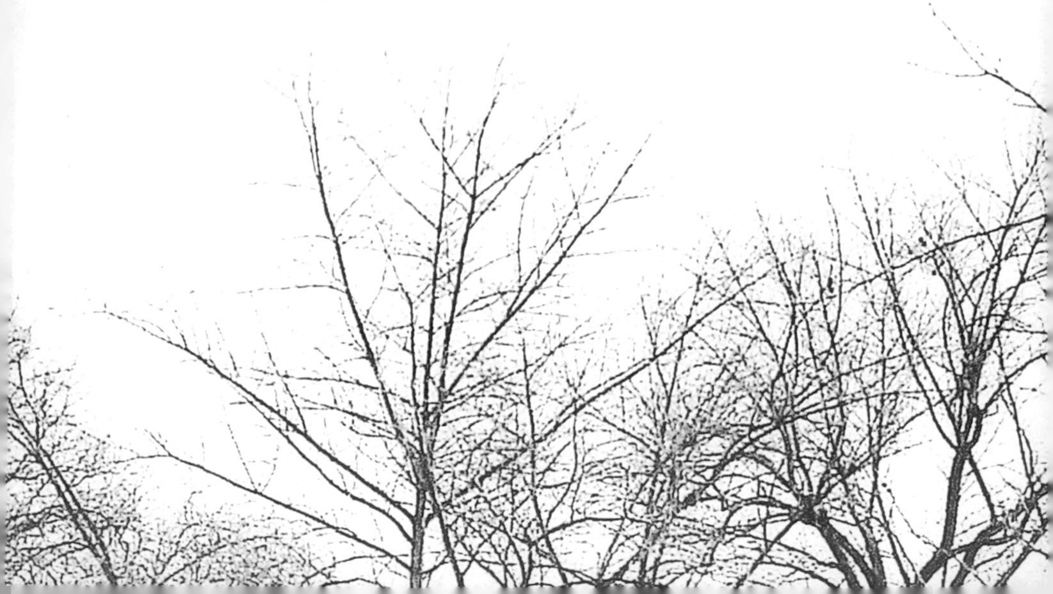

Chapter 2 你的怪癖與我的狂想

II／一起面對的 真實世界

Chapter 3 夢幻之外的日常點滴

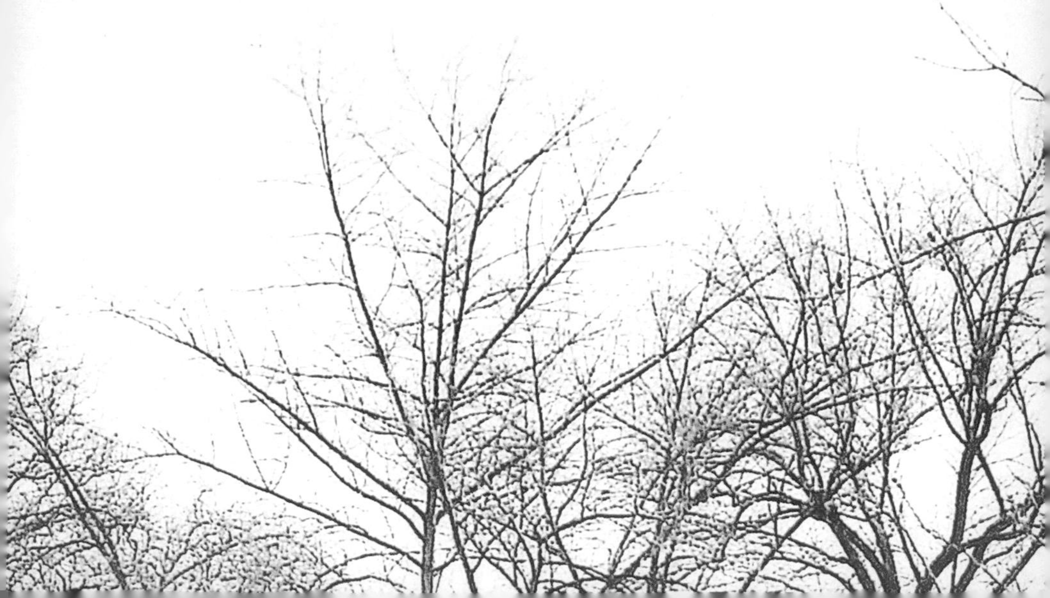

Chapter 4 婚姻不只是兩個人的事

（序）

人間伴侶

伴侶關係可能有無數的形式，不論它的名字是情侶、夫妻、靈魂知交或家人，只要是兩個人共同處在一個密切的關係中，就無可遁逃地，牽涉兩個自我的種種矛盾。

因為太棘手，人們經常將伴侶關係裝進一個泡泡之中，讓它懸浮於自己真實的人生之外，例如，與另一半和諧相處，卻無法分享自己的工作或心事，彼此都知道甚麼可以問和甚麼不可以問……或是，同時經營著好幾個泡泡，需要激情時走入一個泡泡，需要依靠時到另一個，需要放鬆時又有一個……這種隔離現象，顯現的是「全人關係」的困難——我們都很容易用一部分的自己和另一個人的一部分建立關係，但如果要全面地相處配合，是非常大的挑戰。即使是性格、價值觀、目標等契合度都相當高的伴侶，也難免在某些地方對彼此有所不滿。

在人間做伴侶，與在腦袋中做伴侶，是非常不同的兩回事。

以自己身心的全部，與另一個人身心的全部，如實地相處，是絕對艱鉅的考驗。

關於如何等待愛情或如何不等待愛情的論述很多，這本書試圖探討的是另一個角度——結伴生活的兩個人。伴侶之間，如何認識並接待對方真正的人格，協助彼此面對成長的創傷與恐懼。如何合作走出期待被拯救的愛情幻想，整合各個面向的自我，以全人的覺知，與全人的伴侶活在真實的日常中。

很實際，實際到讓人擔心說出來會被嘲笑，像是「既然在一起了，就好好相處吧。」這樣的心態。誠意、溫柔、互相尊重。

神仙美眷，在天比翼，可遇而不可求。

人間伴侶，在地連理，用心得以相惜。

這一次，我想嘗試的，不只是如何編織美麗迷惑的、讓你停留的網。

而是，如何和你一起，將彼此從過往的囚禁中釋放，可以再飛。

有時比翼，有時錯落。

展開纏繞的網，成為我們之間，緜長甜蜜的絲線。

鄧惠文
2013/7/8

I／別人看不懂的　我們之間

相遇初時，我們問著：「是你嗎？」，意思是……你是那個對的人嗎？

不論是以何種形式，許多人一生都在嘗試尋找對的伴侶。剛開始覺得「好像是他（她）」，熱戀時相信「絕對是他（她）」……並不是太困難的。然而，交往一段時間，進入彼此的日常生活之後，難免不發生預期之外的摩擦。

彼此衝突時，我們再次問著：「是你嗎？」，意思是：這討厭的一面，也是你嗎？你，還是我最初選擇的那個你嗎？

在驚訝與失望的時候，如果立刻認為這是個錯誤的選擇，或，這個人並不是對的，就會急迫地要求對方改變。如果對方不能改變，就看彼此能忍受多久的拉鋸，直到破局時主動或被動地分手，回到單身狀態，重新尋覓所謂「對」的伴侶。

大部分的人都是從這樣的模式開始學習伴侶關係。年少的時候，可能因為一點失望就輕易分手，雖然心裡的眷戀可能延續一生。而漸長之後，除非到了生不如死的程度，多半會想「再試試看」。雖然既有的關係不如人意，但因此完全切割又好像太激烈了？何況，重新開始太麻煩，得從星座和咖啡怎麼喝開始說明，關係發展到某些必然的關卡時，可能還是闖不過，那又何必呢……。

如此的心情，並不全然因為年齡漸長或交友範圍窄縮，更重要的，是因為在一次次的戀愛中，我們逐漸明白了幾件事。

我們自己，對於喜歡或討厭的特質，其實是充滿矛盾的。

也就是說，自以為正確地選擇，根本是一團糊塗。

人的各種性格，除了容易被看見的表象之外，往往並存著相反的元素。就像我們都知道的，最高傲的人，也是自尊最脆弱的人。

兩個人之間的交互作用，力量非常驚人。

許多可愛或可恨的性質，只有在跟某個人的關係中才會被激發。我是怎麼把本來可愛的你變得如此可恨的？而你，又對我做了甚麼，連我都覺得自己好陌生？

例如，如果我期盼一位熱情的伴侶，也有幸覓得一位看起來如此的人，之後，在這一點上，就會一帆風順嗎？

不管多喜歡甚麼，都是有但書的。在某些情況下，某種令人喜歡的東西也可能變得令人無法忍受。

以為某種特質的伴侶才是「我」想要的，但，「我」是甚麼？

若非經歷過深沉的內在探索，一般人所知的「我」，只是意識表層的認知，並不等於全面的「整體我」。意識層面的認知與意願，是一個小的「自我」——這裡所謂的「小」，是指「部分的」、「不完全的」。而一個人的身心整體，除了「自我」這個意識表層的部分，還有相對而言更為龐大的潛意識。潛意識中，儲存著我們未曾覺察的、或是被壓抑而遺忘的種種情感和需求，暗中影響、驅動、限制、決定了我們的感受與行徑。這是我們經常在關係中感到「事與願違」的緣故——不是事物違背了我們的願望，而是我們不夠清楚內在的矛盾，無法掌握包括潛意識的整體我，因此無法選擇真正能夠通往目標的方向。

如果我看重熱情，或許，選擇了一位熱情的伴侶，但開始交往之後，由於他對別人也老是很熱情，因此關係充滿了嫉妒、生氣與爭吵？

如果我看重智識，或許，有了才高八斗的伴侶，卻發覺在他身邊只顯得自己益發駑鈍？接著，開始挑剔對方其它的能力，彼此攻擊、反擊、批評、貶損……卻無法覺察內心真正的感覺是一種恐懼——如果我們都如此看重智識，你會不會討厭智識不夠的我？

諸如此類，內心的儲藏實在非常複雜，我們總是同時要著正面與反面的東西，自己也不知道該如何才能兼顧，何況是身邊的伴侶？

所以，當然要兩個人一起努力了！

Chapter 1

從一個人到兩個人

兩個人擁有兩個心智，不可能永遠一致。
唯有透過不停地反思、探索，
才能深入兩人更深層的問題，
解決令彼此困擾的摩擦與對立。

我眼中的你眼中的我

▼自我形象的投射

一切的一切，從「我」這個主詞延伸所及的，有生命的無生命的、實存在或純幻想的、概念的暨感官的，都躁動著渴望經由你的認識而重新活化。

我眼中的你。

某一天，某一刻，不知怎地，先前對某個人的各種感覺被一種難以解釋的心靈計算加總起來，然後，突然「明白了」，或者該說，「決定了」：

我對你的感覺原來是……愛！（對，不會錯的。不然，為什麼一直想讓你知道我身邊發生的事？關於過去，我最痛苦最浩蕩的經歷；對於未來，我最美好和最瘋狂的計畫；還有，現在，自從發現你之後，我無法駕馭的心緒波動……）

017 我眼中的你眼中的我

一切的一切，從「我」這個主詞延伸所及的，有生命的無生命的、實存在或純幻想的、概念的暨感官的，都躁動著渴望經由你的認識而重新活化。那就像臉書上個人的舊日事件，原本已被壓入塵封的底層，無人在意，但，如果此刻能得到你的青睞，按一個讚，那筆舊事立刻飛昇置頂，擁有新的價值和生命！

戀情的開始。我眼中的你，是完美的。

你眼中的我。

甜蜜與痛苦交疊的日子，便這樣開始了。

你覺得我怎麼樣？你對我的讚美，是出於社交禮儀，還是發自內心？如果喜歡，為什麼一整天都不連絡。無法確定你的狀態。你在忙嗎？還是一次都沒有想起我？

為什麼都是我先邀約？你覺得我太主動了嗎？

或是，你還在等著確認我的狀態？那麼，原來我太被動了！

可是，再多說下去，戲都要被我唱完了……

我眼中的你眼中的我和你眼中的我眼中的你。

有一天，密斯特下班回家。他的太太，賢慧的蜜絲，開心地迎接他：「今天買到一種極品咖啡，你應該會喜歡！」，並且立刻動手沖泡。

密斯特說：「妳喝就好，我下班前才喝了一大杯咖啡。」

蜜絲喝了幾口。

「真的很棒耶！不然你喝一點點，嚐味道就好？」

密斯特喝了兩口。

「真的！很香，口感很特別！」

之後他們愉快地用餐，看電視，洗澡。一切都很順利。

夜間，蜜絲發現密斯特輾轉難眠，她問：「怎麼，睡不著嗎？」

密斯特：「咖啡喝太多了。」

蜜絲聽了，心裡很不舒服。她覺得密斯特在生她的氣，抱怨她晚上的咖啡。她覺得很委屈，大老遠跑到朋友推薦的店為他挑咖啡，真是好心沒好報。

一會兒，密斯特終於睡著了，而蜜絲卻因生氣而無法成眠。愈想愈氣，她決定把老公吵醒，好好理論一番。

聽完蜜絲的想法，密斯特無奈地說：「我指的是下午不該喝那杯咖啡！我認為問題是下午那杯，跟妳沒有關係，我完全沒有怪妳的意思啊！」

蜜絲：「不是因為我晚上強迫你喝的那杯嗎？」

密斯特：「妳泡的那杯，我只喝了兩口！能有多少咖啡因？就算妳晚上沒有讓我喝任何一滴，下午的也足以讓我睡不著了。我很喜歡妳幫我買咖啡啊！為什麼妳老是認為我在對妳生氣？」

幸好密斯特能夠耐心而清楚地說明，不然可能會一直吵到天亮。他們關上燈，安心地睡了。

眼中的期待與憤怒

每一對共享生活的伴侶，都可能發生這樣的摩擦。然而，並不是所有的伴侶都能順利化解衝突。密斯特和蜜絲夫婦，為了彼此的深層瞭解已經投入過大量的時間和心力，所以才能在小摩擦發生時，順利地掌握問題點，有效地開啟溝通，他們正在面對和處理的問題有好幾個層次。

在最表面的層次，雙方必須願意、也能夠說出自己的情緒和想法。例如「我覺得好心沒好報」「我喜歡妳幫我買咖啡」「我認為妳沒有錯」等。別以為這個「願意」很簡單！伴侶之間，只要有幾次誠心表達但卻被對方挫傷的經驗，就可能讓一個人失去坦誠表達的勇氣，無法說出任何會暴露自己弱點的話。

有過一段時間，他們的關係很糟。蜜絲非常在意丈夫是否對她處理事物的方式感到滿意，因此，一方面她努力地想要讓密斯特開心，隨時觀察他可能需要甚麼，例如，稀有的咖啡！但，另一方面，如此在意、如此努力，也使她變得更加敏感，難以承受密斯特任何的批評。或者，有些時候，因為很累，或是自己的需求不被滿足，蜜絲也會感到憤怒：「我竟然為老公做了這麼多事！那他為我做了多少？他配合過我嗎？」於是，不知不覺地拿著放大鏡檢視密斯特，當然也就會找出些瑕疵——畢竟兩個人擁有兩個心智，不可能永遠一致。一旦找到丈夫某個「忘恩負義」的證據時，就準備大吵一架。

而那時期的密斯特，也有他的矛盾。他自覺是個隨和的人，通常甚麼都說好，以免麻煩別人。他本性不太會讚美別人，認為那不是男子氣概。對於太太努力討好他的種種行為，他當然知道是該感恩的好事，但卻也覺得有種被強索讚美的壓力。他自己並沒有發現，有時候他故意不去讚美太太做的事，其實是不想鼓勵她做得更多……因為，當她愈做愈多，就更容易指責他做得比較少！

伴侶心態（couple state of mind）

處於這樣的動力關係中，蜜絲扮演照顧、服務、期待回饋、而常常失望的角色，密斯特則扮演被動、接受、不知感恩、相對冷漠的角色。兩個人都覺得不開心。在他們各自的眼中，都覺得對方不欣賞自己，「你眼中的我是不好的！」

如果兩人能夠跳出關係中自己的位置，看看彼此如何互為因果，除了思考伴侶為什麼會對我們做出不理想的事，也能觀察自己是否做了甚麼，才會一同導致那討厭的結果，然後嘗試一起調整，找出更好的配合方式。

這是所有伴侶關係之中，最重要的能力：**跳出自己的位置，眼中不再只看到對方在關係中做了甚麼，而能看到自己在關係中做了甚麼，以及兩個人之間互相影響的動力**。英國著名的精神分析伴侶治療師，瑪莉摩根（Mary Morgan），將這種觀點稱為「伴侶心態」（couple state of mind）。

當然，這只是一個開始。能夠開始觀察彼此的互動，才能繼續探索更深層的問題。

蜜絲為什麼不改改，對丈夫的肯定不要這麼敏感在意？密斯特為什麼不主動表達更多肯定？伴侶之間，光是這樣要求是沒有用的。

蜜絲內心對於自己是否不夠好的恐懼，源自於成長經驗中被大人拋棄的創傷。她需要很多的努力才能完全克服。而密斯特習慣與人保持著某種安全距離，與他成長經驗中經常被過度干涉有關。他也需要很多的努力，才能處理被另一個個體吞噬的恐懼。

一個人的個性不是突然形成，也不會突然改變。只有當伴侶願意互相協助，深入探索彼此的發展經歷，理解兩人之間的配對模式，才能逐漸超越關係的障礙。

「伴侶心態」（couple state of mind）

1 時時將彼此視為「一對伴侶」的心態。
2 是健康伴侶關係中不可或缺的。
3 將伴侶雙方都放在心中，而不是只盯著對方或只看見自己。
4 能夠觀察雙方的互動關係。
5 思考上，能夠跳出關係，從外部客觀地觀察自己和伴侶如何互相影響。
6 缺乏伴侶心態的人，看不見自己對伴侶做了甚麼，無法反思自己如何影響伴侶，以及伴侶如何影響自己。無法思考兩人是怎麼共同運作而造成某些結果。

閉著眼睛選了你

▼「任務伴侶」潛意識

伴侶之所以結合，並不只是根據理性的選擇，未經覺察的內在意識，可能驅使我們投向某些理性上無法解釋的伴侶。

老婆吃了一塊手工餅乾，接著便拿了一塊給老公：「這個蠻好吃的！」

老公搖搖頭：「我不餓。」

老婆：「試試看嘛！」

男人：「我現在真的不想吃！」

老婆：「為什麼每次我叫你做點甚麼，你總是說不？」

男人：「為什麼妳總是要叫我做點甚麼？」

◇　◇　◇　◇　◇　◇　◇　◇

「你怎麼了？」

「沒有啊！我有說甚麼嗎？」

「就是因為你都沒說話，所以才問你怎麼了。」
「沒說話不就是沒事嗎？」
「沒事為什麼不說話？你在想什麼？」
「……」
「你知不知道，我們之間最大的問題就是你都不溝通！」
「……」
「你說話啊！」
「好吧，那我就說了。我們之間最大的問題，是你永遠都很吵！」

兩個人之間，一個比較喜歡分享，另一個比較喜歡獨處。一個比較主動，一個比較被動。一個比較熱情，一個比較淡定。一個嘮嘮叨叨，一個惜字如金。一個負責糾正，一個總會犯錯。一個犧牲奉獻，一個自我中心。一個噓寒問暖，一個厭惡控制。一個緊迫盯人，一個躲躲藏藏。

難道就不能同步嗎？

難道就不能同步嗎？

心理學家亨利・迪克斯（Henry Dicks）對伴侶關係進行過深入的分析，提出「**潛意識搭配**」的理論。伴侶之所以結合，並不只是根據理性的選擇，未經覺察的內在意識可能驅使我們投向某些理性上無法解釋的伴侶。其中，最讓人困惑的就是「**互補特質**」之間的吸引力——**有時內在自我需要藉由性格相對的伴侶，中和自己人格中的顯著功能，或是補足自己人格中的弱勢功能**。典型的例子是：凡事深思熟慮但情感障礙的學究男，愛上情緒強烈但很少思考的熱情外向女。或是一生謹言慎行、乖巧保守的閨秀，愛上顛覆規範、不受拘束的浪子。

如果無法覺察自我尋求互補伴侶的深層動力，這些個性相反的伴侶在熱戀期過後，就會開始因為彼此個性的相異點而感到不安，不斷地指責、抱怨對方，甚至對於自己當初的選擇懊悔不已。表面上看起來，好像是希望把對方變得跟自己一樣，但仔細觀察，就會發現他們常用的方法，反而是在**激發對方相反的特質**。例如，對於一個浪漫不羈的伴侶，重視安定的這方越是強加約束，只會越加見識到他強大的逃亡意志。

如果想解決與伴侶之間惱人的反差，首先必須深刻思考自己的性格特質，試著去感受自己對於相反特質的恐懼，以及又愛又恨的矛盾情結。**改變兩人攻防關係的祕訣，並不是施予更大的矯正力，不是逼迫對方改變，而是嘗試讓自己「趨近」對方，以便產生「角色互換」或「中和」的效果**。

例如，如果老是覺得對方行動力太差，常常因此吵架，不妨看看自己是否不知不覺地扮演了另一個極端——急躁者？與其要求對方變積極，不如讓自己嘗試放慢腳步。兩個人之間，一個慢了，另一個就會補上來，變得快一點。這是維持集體生存的人類本能，但我們往往會擔心：「他已經太慢了，我再慢下來會出事！」

冷靜想想，日常生活中，有那麼多災難嗎？

與互補性質的伴侶相處，是潛意識自我尋求性格成熟平衡的一個祕密選擇。相信自己與伴侶的結合是為了某個成長任務，可以幫助我們珍惜彼此，擺脫厭惡、懊悔和攻擊，轉為互相協助學習的關係。

幸福想一想

- 與身邊的伴侶，遇到甚麼事會意見相左？甚麼事會意見一致？
- 與伴侶的個性特質是互補的或相近的？若是互補的，你覺得何種相處方式會對雙方比較好？若是相近的呢？

嫁給米奇人

▼撒嬌與跋扈一線之隔

一個不成熟的人總是與另一個不成熟的人墜入情網，因為唯有他們能夠懂得各自的語言。一個成熟的人會愛上一個成熟的人，一個不成熟的人會愛上一個不成熟的人。

——奧修

電視節目錄影現場，大家聊起求婚這件事。現場的女性來賓一致認為男人應該提供浪漫的求婚，像是單膝下跪、訂製獨一無二的禮物、熱氣球、壹零壹大樓跑馬燈、包下電影院、餐廳、九百九十九朵玫瑰、回顧兩人交往歷史的投影片……等，各種好萊塢式的驚喜場景。接著大家分享親身經歷，狠狠比較一番。

貫穿各種求婚橋段的中心元素，就是要男人展現十足的誠意，讓女人感覺強烈的被愛，然後才能點頭說：「我願意！」

坐在一旁，我想起多年前看過的一支喜餅廣告，在浪漫的求婚場景中，準新娘含羞帶怯地接受眾人祝福，準新郎深情款款地望著新娘，該牌喜餅出現時，旁白和字幕出現的是「恩寵一生」。當時我寫了一篇文章，對於這四個字非常困惑——現在的女人結婚，是接受男人的「恩寵」嗎？

我的一位阿姐這麼說：「如果一個男人說他要給我恩寵，我應該會立刻倒退，他是不是後宮戲或穿越劇看太多了？」

寵愛與相愛

回到錄影現場，有人正在分享（其實是炫耀）一個「感人」的求婚範例，他說：

「一對非常喜歡米奇，也就是迪士尼米老鼠的男女，男的精心籌劃了求婚的活動，請朋友幫忙把女友帶到一個公園，他自己在大熱天穿上米奇裝（當然包括又大又重的巨耳老鼠頭），對著女友親切地招手。剛開始女友還覺得「山寨版的米奇裝太醜」，興趣缺缺。但朋友不斷慫恿，她終於靠近跟米奇照相，此時男友掀開頭罩，單膝下跪說『請妳嫁給我吧？』在眾人的歡呼中，女友感動落淚，兩人相擁，從此世上多了一對佳偶。」

在一片羨慕讚嘆聲中，我驚訝地說不出話來。被主持人問到時，我說：「米奇不是負責在童玩節或樂園裡娛戲幼童的嗎？竟然也適合大人的活動——結婚？我真是太低估牠了……」

我這「不捧場」的回應，事後被節目同事拿來取笑：「妳，鐵定沒被求婚過，所以才見不得別人浪漫！」

「是，我的確沒經歷過驚天地泣鬼神的求婚戲碼。那有什麼好的？」

「想想看，假設說金城武好了，那麼帥的男人扮成米奇跟妳求婚，妳不會感動到哭嗎？」

其實，那天錄影之後，看到大家的反應，我也試過要去理解這種求婚，但，「金城武在大熱天穿著米老鼠裝下跪」的想像畫面，不但沒有幫助我瞭解，反而只覺得心痛無比！我思索著，所有我認識的成熟、穩重、性格的男性朋友，有誰會願意這樣求婚嗎？實在是，一個也想不出來。

一般成熟的男人對於戲劇性的求婚示愛大多抱持嗤之以鼻的態度，但似乎有不少女人喜歡這樣。這代表了什麼？

表面上，這只是很單純的「浪漫」，但，為什麼扮糗的都是男方？有哪一個女人會跟朋友炫耀「我穿上米妮的鼠尾巴和蓬蓬裙，請來所有朋友，跳來跳去地求男友跟我結婚？」

弱勢撒嬌與強勢跋扈

我在計程車上看過一則笑話，剛好是一個對照：

小明看到電視上的求婚畫面，好奇地問：「爸，你跟媽求婚時有下跪嗎？」

爸爸：「沒有。」

小明：「為什麼？」

爸爸：「你媽說，以後跪的機會還多著呢，這次就免了。」

如果妻子在婚姻中處於與丈夫平等的位置，甚至可以在丈夫犯錯時要他下跪（這當然只是個比喻），就不需要求婚時那一跪了。**戲劇化求婚戲碼的背景意義是：女人結婚會損失些甚麼，因此需要男人證明，為了她，他可以克服困難，達成一個非常任務**。扮米老鼠、在眾人面前下跪、花掉一個月薪水買跑馬燈，都有這種意味。這種期待反映了關係中的幾個預設，第一，男人要有主動十足的誠意才能抱得美人歸。第二，在下嫁之前，女人需要確認自己值得男人為她做一件「特別」的事。至於是特別勇敢、特別用心、特別花錢、還是特別厚臉皮，見仁見智。

隱微地，這是內心對於結婚的不安，也是對伴侶的某種攻擊性。求婚時玩一次就算了，但**如果在生活中一直需要這種誠意與價值的「證明」，兩人的關係很容易逐漸積怨**。

有一回我在廣播節目中訪問《北歐超完美丈夫的祕密》的作者李濠仲先生，他描述北歐男女在婚姻中的平等合作關係，據說英國某大學在二〇一一年調查了十二的國家的夫妻，發現挪威男人是「最完美丈夫」，相較於其他國家的男性，他們花了最多時間在家務、照料小孩等方面，對他們而言尊重妻子只是基本行為。挪威女人對此的反應是：「他們只是做好份內的事而已。」許多聽眾表示羨慕那樣的關係，舉案齊眉，而不是男尊女卑。

「挪威的男生、女生只是身體不同，腦袋裡裝的幾乎是一樣的。」李濠仲說。挪威女孩從小被帶去滑雪登山，男孩在校要上縫紉課，儘管老一輩挪威人還有傳統觀念，但中生代已經顯現出兩性平權教育的成果。

把這幾件事放在一起，真是耐人尋味——想要平等的女性們，願不願意放棄作公主被寵愛的特權呢？如果不放棄，能夠得到男人真心的尊重和平等對待嗎？

被寵愛，是小孩子的心態。在以夫為天的世界裡，女人會爭寵、撒嬌、耍賴，在平等的關係中，並不存在這種對位。如果夫妻關係明明已經很平等，女人卻經常要求男人演出特別的寵愛戲碼，男人感覺到的可能不是撒嬌，而是跋扈與任性。

男人也需要感覺自己是被女人寵愛的。**幸福的關係需要雙方都有寵愛別人的能力，而不是兩個討愛的孩子的家家酒。**

怪問怎能怪我怪答▼無聊又必需的問題

說話技巧是一回事，愛的多寡完全是另一回事。話說得如何，答案是否正確，跟到底愛不愛，有著很大的差距。

女人喜歡問男人怪問題，代表愛的怪問題，讓男人無比困擾。一場分享會上，對感情用心的男士們提供了他們最怕被女人問的問題。這些問題如果得不到滿意的答覆，女人的情緒會立刻跌到谷底，過去辛苦建立的信任可能一瞬間粉碎，身心狀態陷入痛苦的煎熬。於是，大家合力尋找有益健康的標準答案：

第一類問題屬於「**跟別人比較**」型。

典型問題是：

「妳覺得我比較漂亮還是ＸＸＸ（超模級的美女或前女友）比較漂亮？」

「聽說你們公司新來的女主管能力很好，那你覺得我跟她比起來怎麼樣？」

如果可以拋開禮義廉恥，不怕說謊會下地獄，那還不簡單，誰都知道要回答「當然是妳比較好！」

萬一不想為了一個女人說謊下地獄……要不要再考慮一下？逞一時之快，以後女友長期的情緒折磨是否也相當於另一種地獄？

如果還是不願說謊，那就只好試試這種打迷糊仗的說法，看能否保住生路了：

「漂亮？XXX算漂亮嗎？我從來沒在看女人外表的。」

或者，乾脆在女友開始難過之前，自己先難過吧：

「我最想要的女人就是妳！該不會妳不瞭解我是什麼樣的男人吧？還是，原來妳是個很在意外表的人，那我的外表？我該擔心嗎？」（實在是一場迷糊仗）

第二類，「**我跟你媽同時掉到海裡你會先救誰**」。

據說網路上有成千上百的建議（意思是：根本不可能有正確答案）。

如果回答「兩個一起救」，老婆說：「笨蛋！那你的力量會分散，兩個都救不到！」

就算回答「我會先救妳」（心裡喃喃念著：媽，我對不起妳……），接下來，有智商的老婆會說：「怎麼可能？」有良心的老婆會暗忖：「沒想到你是這麼無情可怕的兒子，連生你養你的媽都可以背棄，哪天變心也會棄我如敝屣吧？」

總之，這是絕對無解的。

身陷此種絕境時，只能說出真正的心聲了：「寶貝我最近是不是對妳很不好，妳才會用這種問題要置我於死地？」

「妳不愛我了嗎？妳是不是在找藉口吵架要拋棄我？求求妳不要離開我！」

如果這樣老婆還不罷休，那，面對現實吧！當初怎麼會選擇了這種老婆啊？

其實，說話技巧是一回事，愛的多寡完全是另一回事。話說得如何，答案是否正確，跟到底愛不愛，有著很大的差距。**遇到另一半問怪問題**

時，與其拼命猜測她心中現在是演哪一齣戲，試圖要對上她的劇本，不如試著繞過陷阱，直接詮釋她背後的用意與需求。

除了「掉到海裡」和「誰比較美」之外，以下根據男性讀者提供的「被女友（老婆）問過最毛骨悚然的問題」，提供幾扇「逃生門」。（使用需知：請務必自行融會貫通、創新變格……女人非常討厭老公不用心或撿現成的東西來搪塞，如果您一字不動地拷貝使用，可能會連人帶書被丟出家門。）

一、老婆：「你是不是還像以前一樣愛我？」

無效的回答：「當然一樣啊！」

（老婆的反應：「為什麼只是一樣而沒有更愛呢？」）

自找麻煩的回答：「不然為什麼還跟妳在一起？」

（老婆：「你想過不要跟我在一起了嗎？」「是不是因為習慣才繼續在一起？」）

好心沒好報的回答：「現在比以前更愛妳。」

（老婆：「原來你以前不是很愛我？」）

唯一逃生門解答：「聽妳問這樣的問題，我好困惑！難道我平常做的都沒有被妳看到？我是不是方法錯了？」

開啟這個逃生門的原理在於：反轉被詰問的位置，好好揣摩她為什麼要這樣問，並且說出自己被問的感受。當太太詢問愛的感覺，最好的方式當然是比她更認真地談感覺！實例中，這位太太聽完十分錯愕，反而不好意思地說：「不是啦！你這麼嚴肅幹什麼，只是開個玩笑……」

二、女人：**「你當初追我的時候，喜歡我的點現在還在不在？」**

花美版逃生門：「唉～這是一個很難回答的問題，當初看妳的好，就像是最底層的編織，跟妳在一起的這些日子，層層疊疊的甜蜜美好一直疊上去，我早已經看不清楚底下的色彩，妳畫過油畫嗎？親愛的～」

成熟版逃生門：「坦白說，當初看到妳，那是個很年輕的妳，還是個小女孩，而我呢？是個毛頭小子，根本不懂怎麼品味女人。所以，那個時候喜歡的點還在不在？有些，真的是不在了，欸！還好不在，妳長大了！我想要的，也不再只是以前那些東西。不然，妳就得擔心我去喜歡一個像妳當年的年輕妹妹了！」

三、美腿老婆：「你喜歡公司新來的妹妹吧？腿很長，是你喜歡的型？」

下場會很慘的老公：「有嗎？我沒仔細看。」

（老婆：「那，等你仔細看過，就會喜歡她了？」）

無恥正解：「老婆：妳是這一型中的女王了，留一條生路給別人好不好？我們家已經有最美的腿了，妳又沒辦法照顧所有男人！」

或許您覺得這樣回答太誇張，這樣逃生有違尊嚴？

其實我也這麼覺得！所以，就像我不敢苟同讓男人穿米奇裝求婚的把戲，我也不認為伴侶之間需要問這種問題。

現在的癥結是，如果您的伴侶老是喜歡問這種問題，代表您遇到的並不是一般的情況啊！非常情況，只能用非常手段來處理，並不是建議大家都變成這樣的！

誇張的示愛，只要有誠意的基礎，也可以說是一個人放下自尊的表白。有時候伴侶會需要另一半放下自尊，就像寵犬對主人搖一下尾巴，以便讓主人感覺自己的重要。尤其是，愈是平常剛正不阿的男人，如果能說出柔軟的情話，愈能讓另一半感覺踏實。

至於，「如果可以重來，你還會不會跟我在一起？」這樣的問題，您還猶豫該如何回答嗎？

如果能有這樣的幸運，我會讓妳感覺不是重來，而是更好！

幸福想一想

- 你最常問另一半甚麼問題？是否都能符合你所期盼的？
- 甚麼樣的問題會引起另一半的反感，甚至產生爭執？通常你會怎麼處理？

嫉妒是灼熱的火

▼在灰燼中擁有你

我愛你。當你全心屬於我的時候，片刻即成永恆。
我想你。當你被其他人事佔據的時候。
我嫉妒。因為它們瓜分了你的愛。

有人嫉妒愛人的工作，有人嫉妒愛人的朋友。他的某個親人，她的一種嗜好。一個被她讚賞的球員，一個接受他服務的顧客。一本獨享他睡前目光的書，一部引起她憂傷垂淚的電影……凡是自己無法參與分享的事物，都可能引起嫉妒。

無論兩人擁有如何緊密的關係，終究會有無法共享的部分。對於自己暫時被排除在外，得不到愛人的注意力，每個人的調適能力都不同。

如果能愛一個人而不需承受嫉妒灼燒的考驗，該有多好！擁有的甜蜜對照失落的不安，使我們渴求愛人給予更多的時間與心力。有時是因為確信被對方愛著，自覺可以要求更多，恃寵而驕的嫉妒。有時卻是無法確定對方的心意，擔心失去或被欺騙，因而緊抓對方，存在感遭受威脅的嫉妒。

無論出於哪一種心態，嫉妒都會讓人焦躁不已、坐立難安、行為衝動、口不擇言，氣憤別人，更氣憤自己。這種感覺糟糕透頂的時候，極度需要情人耐心的撫慰，但是嫉妒的情緒實在太強烈了，經常會把情人嚇跑或是嚇笨，反而一句好話也說不出來，最後只能自己收拾爆發後的受傷情緒。其實也沒有甚麼收拾嫉妒的好方法，一般都是發現「再鬧下去對方真的會走掉」，所以不得不安靜下來。

親密關係中的嫉妒，也與疑心、不信任有關。有時候這是某一方個性的困擾，諸如成長過程中信任感受挫，以致於需要更多的掌控感。這樣的個性其實在交往初期就會表現出來，但熱戀期間人們更在意靠近而不是空間，所以常忽略了這些問題。例如，沒有辦法等待，親密感的需求必須立刻被滿足。表態很快、追求的速度很快、關係的進展很快。愈是讓人覺得愛到癡狂的人，通常掌控的需求也比較大一點。

遠離嫉妒的情緒折磨

不再受嫉妒折磨的根本方法，或許只有停止在愛情中計算得失。如同美國詩人 Henry Van Dyke 在《一個愛人的嫉妒》（A Lover's Envy）中所描述的情懷——

A Lover's Envy

I envy every flower that blows
Along the meadow where she goes,
And every bird that sings to her,
And every breeze that brings to her
The fragrance of the rose.

I envy every poet's rhyme
That moves her heart at eventime,
And every tree that wears for her
Its brightest bloom, and bears for her
The fruitage of its prime.

I envy every Southern night
That paves her path with moonbeams white,
And silvers all the leaves for her,
And in their shadow weaves for her
A dream of dear delight.

I envy none whose love requires
Of her a gift, a task that tires:
I only long to live to her,
I only ask to give to her
All that her heart desires.

一個愛人的嫉妒

我嫉妒 她造訪的草地旁
每一朵搖曳生姿的花
每一隻對她歌唱的鳥
每一陣向她吹送
玫瑰馨香的暖風

我嫉妒 每一個詩人
打動她心靈的妙韻佳句
每一棵為她
燦爛盛開
纍纍結實的樹

我嫉妒 每一個南方的夜晚
在小徑為她鋪滿白色月光
在樹梢為她綴滿銀色葉片
在暗影裡為她編織
一個可愛愉悅的夢

我一點都不嫉妒 那些愛她而需要她回報的人
那終究會令她厭倦
我只渴望將生命呈現給她
我只希冀能給予她
所有她心中欲求的事物

能這樣地愛一個人嗎？希望自己能像所有美好的事物，帶給愛人快樂而不求回饋。**欣羨一種「給予愛」的能力，不嫉妒「獲得愛」的幸運**。能夠如此，前提是擁有完整的自我，不會懼怕失去愛人將導致自我的毀滅。

人們都希望如此被愛，卻往往無法如此愛人，時時計較自己得到的夠不夠多，忘了戀愛的初衷。

讓我有個愛你的機會——好想回歸那美麗的心境，不生嫉妒的淨土。

幸福想一想

- 你覺得兩人之間情感的互動，最好的方式為何？
- 如果感覺自己是付出比較多的一方，會嘗試和另一半溝通嗎？
- 你覺得自己愛另一半比較多？還是另一半愛你比較多？

ALLITSEN
ROAD NW8
CITY OF WESTMINSTER
CAFÉ ROUGE
Abel

自由與依戀

▼愛與被愛當然是兩回事

愛不只是感覺，也該包含真實的生活。一個在現實中經常缺席的戀人，看似真人，但卻只是心中幻想的投影。

自從在《別來無恙》中談到自由與依戀的矛盾，我接到許多讀者的回應。與過去相較，是相當不同的回應。的確也有女性扮演著與一般想像不同的角色——並不是苦苦追趕著愛情與男人，而是被愛情與男人追趕著。

身邊通常有個好男人。但對於這個好男人，女人不願被束縛，不想給承諾。不想對他專一。女人說，我想要自由，想遠走高飛，想實現自己所有的潛能。

對不起，我不是那種甘於平凡生活的人，我不能跟你在一起。你想要的家庭是裝不下我的。

真的可以如此自在、獨立，不需要親密關係嗎？我相信有人真的如此，但許多這樣說的人，真正的原因是心裡另有他人——一個理想、幻想、得不到的情人。對於得不到的情人萬分牽掛，與對待身邊好男人的態度完全不同。

「A一直守候在我身邊，好多年了。無論如何跌倒，都能握著他的手再站起來。可是只要一站起來，我就無法忍受繼續待在他的身邊，覺得不耐煩！我的心追隨著B，十年來他始終飄忽不定，總是不在身邊。但我對他有一種難解的依戀。最近B再度消失，而A向我求婚了，我該怎麼辦？」

忠於自己的需求和感覺

甚麼是難解的依戀？有點像國王的新衣——別人看不見，自己也不太清楚的一種愛。周圍的人都說，B根本不愛妳，A比較好。可是，自己一直相信與B之間有一種珍貴的東西。一邊等待著B，卻也始終沒有真正地離開A。

£5.95

處在這種情況中，直接選擇任何一邊都可能很糟。如果選擇持續依戀B，將繼續活在幻夢中。愛不只是感覺，也該包含真實的生活。一個在現實中經常缺席的戀人，看似真人，但卻只是心中幻想的投影。

如果選擇可靠的A呢？明知自己不愛他，只是選擇一個避風港，跌倒時的拐杖？或許這樣的伴侶能提供表面的支持，但是，漂流的心呢？一個無法引起她的熱情的男人，能留住她漂流的心嗎？會不會每天一起生活，卻仍然感覺寂寞，偷偷地望著遠方？

活在一種關係之中，卻必須望著遠方——身邊伴侶無法分享，也無法想像的遠方，這是情感上最寂寞的狀態。

為什麼不忠於自己的需求和感覺呢？在真實生活中相互扶持的需求是重要的，在感覺上契合、擁有熱情也是重要的，少了任何一部分都不算完整，A或B都不是解答，感情並不是二選一的習題。

因為心思被飄忽不定的B困住，所以沒有餘力建立另一段需要用心經營的關係，只能與不麻煩而省力的A保持關係，結果當然會演變成沒有出路的二選一僵局。與其思索如何二選一，不如多花心力理解自己的依戀。是否混淆了幻想情人與真實情人的面目？是否由於過去的缺憾，執意黏附在傷痕上，不痛就覺得不真實？

對B一般的情人，該走出不切實際的依戀，對A一般的好人，該放下沒有愛的依賴。重整自己之後，重新尋找共享生活與情感的伴侶。遠或近，往往只在一念之間。

「愛人」或「被愛」，哪個比較幸福？

理想狀況下，我們認為關係應該是「我愛你，你也愛我」，然而，誠實地說，兩個人之間，我們通常還是知道，現在是自己愛對方比較多，還是對方愛自己比較多。

「愛不能比較！」你會抗議。

是的，愛不需要比較。但是，愛需要自覺。如果心裡明明知道彼此的投入程度有差別，就必須認真面對自己的感受，想清楚「我願意繼續這樣愛他，不計較回饋嗎？」，這會影響伴侶的抉擇和一生的幸福。**不願意想清楚、一廂情願地相信「以後他就會感恩圖報」、多年之後才懊悔，開始不斷攻擊對方的人，害己也害人。**

坦白說，我並不全然贊成「被愛比愛人幸福」。對某些人而言，愛情並不是很重要的事，找一個相當愛自己的人，安穩地作伴，顯然是正確的抉擇。但是，對於另外一種人，某種「沒有感覺就像沒有氧氣」一樣的人，跟一個自己不愛的人在一起生活一輩子，才是可怕的空虛。

跟一個「非常愛我」但「我沒有特別感覺」的人在一起，那種心情應該叫感恩。感恩當然是幸福的一種。

跟一個「我很愛他」的人在一起，期待得到他的注視，逐漸歡迎我的靠近，逐漸開放與分享，愈來愈緊密的，那種幸福是某種自我實現與夢想落實的幸福，跟感恩的心情不太相同。然而，這之中有一條非常微妙的程度線！對方可以愛得比較少或比較冷一點，但不能少到不愛和不珍惜的程度——不顧一切地愛一個根本無心回應的人，就只是浪費自己，永遠不會構到幸福的。

專情 深情 癡情。多情 濫情 以及無情。

深情，是相對成就的，還是單方絕對值？一個深情的人對誰都深情，或是跟某個特定的人相處，才會湧出源源不絕的情感？

專情、深情、癡情，最想要哪一個？

我們相信，必須相信，最好相信，世界上有專情的人。

雖然不容易遇到。

或者，不容易防止「專情」這樣珍貴的東西變質腐敗。

然而，什麼是**專情**？「愛上一個人之後，對其他人就不會有感覺了」，這算專情嗎？並不是自制，並不是拒絕誘惑，而是有了一個伴之後，對其他人就再也不起反應……真有這樣的人嗎？

沒有遇過誘惑，沒有拒絕過後來出現的人，堪稱專情嗎？從來不淋濕的手錶，誰知道防不防水？

例如，實在沒有其他人會對他（她）感興趣的伴侶，因為沒有別的可能，於是一輩子待在身邊。這並不需要特別的意志力，無偉大堅貞可言，不過是因為他（她）根本沒有其他機會。很多人傾向選擇這樣的人（有時甚至連自己也不太有感覺），以便安心共度一生。這樣也很不錯，只是，如果把這種人跟專情畫上等號，對於真正專情的人，好像有點不公平。

專情的價值不僅在於投注感情，還包括「摒棄其它的可能」。

不把這一點弄清楚的話，一心尋覓不會變心的人，結果卻是跟無趣而絲毫不可愛的人在一起。

深情，是相對成就的，還是單方絕對值？一個深情的人對誰都深情，或是跟某個特定的人相處，才會湧出源源不絕的情感？

深情有「量」的意味。深谷深海一般，愛得豐沛厚實。專情的人不一定深情，有些人能被挖掘的愛就只有一點點，毫無深度可言，刮一點就見骨曝底了。

投注深情的目標，應該是對我也有情意的人。對沒有相對意願的人深情，那該叫做**癡情**。癡著，堅持著，不接收現實的訊號，不動用理性，只一逕繼續愛著。不瞭解對方，就堅持愛著，到底是愛對方還是愛自己的幻想？

情感的癡，需要異乎常人的堅強頑固才能夠支撐，否則往往是難以承載的。

很久很久以前，我遇見一個被診斷為偏執妄想症的女人。我認識她的時候，她已經在療養院住了十多年，因為她深信她和一位陳先生之間，有著海枯石爛的愛情。問題是，人們說，這位陳先生只存在於她的腦子、心裡、幻音幻象之中，現實世界裡，他們無情地說，沒有這個人啦。

我問她，陳先生來看過妳嗎。如果真是妳的愛人，怎麼會讓妳孤伶伶地被丟在這山裡的療養院，十幾年了。會不會，該忘了他，還是聽聽別人說的，妳弄錯了。沒有他。這樣，他們就會讓妳出院了吧。這裡只有羊和墳墓呢。

她絲毫不生氣。像個姊姊般，溫柔地回答我。

「不管他對我如何，不管有沒有他愛我的跡象，我都會永遠愛著他。

一直愛下去，只要我活著。不需回報的，才是真愛呀！等妳愛過一個人，就會懂了噢。」

我無言了。

後來，我常常想起她。每次驚覺愛人只存在於幻想中時，每次在現實中找不到被愛的跡象，即便是這樣卻無法停止愛的時候……我想起的，是那天她背著光說這些話時，我突然無法確定她是否也只是個幻影，那種真假虛實無法釐清的哀傷。

能分辨多情、濫情和無情嗎？

在專情、深情和癡情的對面，住著另外三種情。有感覺就愛、可以同時愛很多人的多情。沒感覺也能愛、不嫌麻煩的濫情。多情和濫情，在單一伴侶的世界中已經被批評過無數回了，不需要再說甚麼。

不過，我認為多情和濫情不一定都很可惡，真正糟糕的是無情。想怎樣就怎樣，一點也無法感覺別人疼痛的那種無情。

多情或濫情的人，不見得會隨意把別人的心切開丟在地上。可能會把自己的生活弄得很麻煩，卻天真地希望盡可能不傷害人。與其說是壞，不如說是情志軟弱。但無情的人，永遠不覺得虧欠，永遠只想著自己方便。

感情關係的過程與結果，即使表面上看來一樣，例如最後在一起或是分手，但因為內在不同的態度，卻會讓人留下完全不同的感受。**總是分不清自己和愛侶所信奉的情，一廂情願地戀愛，就可能變成悲情了。**

甚麼人都有，愛的態度沒有對錯，彼此，能搭配就好！

幸福想一想

- 覺得自己比較偏向哪種情？另一半呢？
- 閱讀此文後，對於愛的態度是否有重新的解讀？覺得自己和另一半的愛情態度是否搭配？

Love—thou art high

Emily Dickinson

Love—thou art high—
I cannot climb thee—
But, were it Two—
Who know but we—
Taking turns—at the Chimborazo—
Ducal—at last—stand up by thee—

Love—thou are deep—
I cannot cross thee—
But, were there Two
Instead of One—
Rower, and Yacht—some sovereign Summer—
Who knows—but we'd reach the Sun?

Love—thou are Veiled—
A few—behold thee—
Smile—and alter—and prattle—and die—
Bliss—were an Oddity—without thee—
Nicknamed by God—
Eternity—

愛情——你很高

狄瑾蓀 著　陳黎 譯

愛情——你很高——
我無法爬上你——
但，如果有兩人——
除了我們有誰知——
輪番上陣——在欽博拉索山頂——
公爵般——終於——與你並立——

愛情——你很深——
我無法越過你——
但，如果有兩人
而不是一人——
划手與輕舟——某個至高無上的夏天——
誰知道——我們將抵達太陽？

愛情——你蒙著面紗——
一些人——得見你的容顏——
微笑——變化——痴語——而後死去——
極樂——將成古怪的東西——如果少了你——
被上帝暱稱為——
永恆——

Chapter 2

你的怪癖與我的狂想

在親密關係中，人們都害怕兩個極端：
一端是被忽略、被拒絕、被拋棄；
另一端是被吞噬、被控制、失去自我。
每一個人都要在這兩個極端當中尋找平衡。

反映式溝通▼聽懂，再說

溝通就像蓋房子一樣，雙方必須先建立好的關係地基，逐步豎起樑柱，接著固化填充物質，最後才加以整飾。

許多人問我，為什麼與伴侶「溝通」那麼困難？通常我會反問，您所謂的溝通是甚麼？

不假思索地開口說話，自顧自地傾吐心聲，喋喋不休地數落對方……不管花多少時間這樣說話，都無法解決問題。因為這只是說話，不是溝通。

如果想追問對方不願分享的祕密，或者逼迫對方接受違反心意的要求，當然算是高難度的溝通。但若只是希望增進彼此的瞭解，例如「說說他心裡的煩惱」、「談談他為什麼不能多花些時間在家裡」、「最近都在忙些甚麼」，或者拉近距離，像是「請多關心我」「想不

想知道一下我的想法」……這些應該算是基本的溝通。然而，許多人連這種溝通都有困難，甚至愈溝通關係愈糟糕。

溝通就像蓋房子一樣，雙方必須先建立好的關係地基，逐步豎起樑柱，接著固化填充物質，最後才加以整飾。也就是說，**順序非常重要！別以為腦中裝滿甜蜜的詞彙就能與人溝通**——甜蜜言詞當然是重要的，不過它們相當於基礎鞏固之後才派得上用場的壁紙、裝飾與燈光。

他說的話你聽懂了嗎？

人與人之間「好好聊聊」的第一步，必須符合「反映式溝通」的原則：明確地讓對方知道，他所說的話你都聽懂了。

反映式溝通包括三個要點：

第一是「關注」——關心對方的想法、感覺和經歷，想加以瞭解，而不是想加以改變。基於這樣的態度邀請對方分享。

第二是「反映」——細心傾聽對方說的話，然後把聽到的意思重述一遍。所謂「反映」（mirroring），可以想像自己作為一面鏡子，忠實地映照出對方的話語，不要扭曲對方的話，不要加油添醋或自行臆測。同時詢問對方「你的意思是不是這樣那樣……」「我這樣理解對嗎？」請對方更正我們的理解，直到對方同意「你說的」跟「我說的」是一樣或非常接近的意思。

第三是「同理」。針對對方的感受，表達接納，以及「設身處地」的理解——「原來你是這樣想的，也難怪你會難過啊！」

不久前，一對銀色夫妻在我所參與的電視節目中，慷慨地分享了他們的經驗。老公說，有了小孩之後，老婆的注意力都在孩子身上，自己常感覺受到冷落。有天早上，他們夫妻和兩個小小孩醒來後，在床上有說有笑，接著老婆和孩子下床，老婆順手拿起遙控器，「嘀」地一聲把冷氣關掉，笑咪咪地牽著孩子走出房間，好像完全忘了他還在房裡。

老公說完之後，老婆立刻回應：「我怎麼可能忘記你在房間裡！後來不是還去叫你吃早餐嗎？我以為你也要出來了，所以先關掉冷氣，免得你又忘記關！」可想而知，老公接著說：「甚麼叫做我『又』忘了關？我甚麼時候忘記關冷氣？妳自己才常忘記，像上星期天……」然後是老婆的反駁、老公更多的反駁、老婆的憤怒、老公的憤怒……，最後他們的結論是「以後還是少溝通吧」。

「反映式溝通」該怎麼說？

如果採取「反映式溝通」，在老公說完受冷落的感覺之後，老婆應該先加以吸收，進行反映：「你的感覺是不是這樣──老婆和孩子離開房間時，為什麼會把冷氣關掉呢？是不是老婆內心覺得她和孩子就等於『所有人』了，因為只有『所有人』都離開房間，才會把冷氣關掉……這讓你覺得我心裏沒有你，一忙小孩就忘了你的存在？」這樣說，可以讓老公確定自己真的把他說的話聽進去了。接著嘗試理解老公為什麼會有這樣的感覺，不要急著撇清責任。當然，老公也要對老婆採取同樣的反映式溝通，**如果彼此都能給予充分的反映與同理，許多事情最後都能找出某種妥協之道**。

關於溝通，順序真的非常重要！
除非確定自己的感受被瞭解了，一個人很難接受別人的建議或解釋。
「如果你根本沒有聽懂我的困難點，你的建議怎麼會是對的呢？」

付出與回饋▼尊重彼此的差異

有機會真實瞭解伴侶的期待，才可能更有效地付出，而不是白忙一場，甚至造成反感。

廣播節目現場，有位女士分享她的困擾。她長期為家庭付出，無論在生活作息、娛樂消費各方面，幾乎不曾為自己考慮，一切以丈夫與子女為要，但她的丈夫卻長期冷淡以對，最近甚至告訴孩子：「我早就想拋棄這個家了！」

「為什麼對一段感情全心付出，卻得不到回饋？」

應該有很多人為此困惑。我想起不久前某家雜誌社寄來的採訪大綱，也包含了這個問題。

其實，這就好像在問：「為什麼一直刷鍋子，卻煮不出好菜」，或「為什麼一直用力跑，卻沒有飛起來」，不是嗎？

在感情關係中，「用心付出」和「獲得回饋」這兩者之間，本來就關連薄弱。

有人愛我，我就一定會愛對方嗎？

那麼，我愛一個人，對方就一定會愛我嗎？

這道理每個人都懂，只是往往難以接受。

關於這類的困擾，一般聽到的建議通常是：「付出太多會把對方寵壞，忘了尊重付出者，所以應該少愛一點！」。這或許是值得思考的，不過，在感情中受挫的時候，很難做到「少愛一點」，反而會想著：「我一向付出那麼多，都還得不到對方的愛，如果減少付出，恐怕甚麼都沒有了吧？」

付出多或少，並不是決定關係品質的要件。付出的東西，如果不是對方有感覺的，用同樣的方式投入再多也不會產生愛情，只會把自己掏空。

真正了解伴侶的期待

伴侶之間出現這種僵局時，亟需探討彼此對於關係的期待。在這個例子中，聽眾女士的丈夫想拋棄家庭的原因是甚麼？

他期待另一種家庭、另一種方式嗎？他根本不想要任何家庭？還是，他以此表達某種不滿？

丈夫必須釐清自己對於理想家庭的想像，並且願意讓太太瞭解，而太太必須願意讓丈夫充分表達他的期待。認真面對彼此，好好想想，另一半喜歡的方式是不是自己能夠配合的？目前無法配合的原因是甚麼？如果兩人的期待有所落差，是否能持續溝通一段時間，彼此都做點犧牲與妥協？

有機會真實瞭解伴侶的期待，才可能更有效地付出，而不是白忙一場，甚至造成反感。例如，常見妻子認為自己全心全意地陪伴子女或做家事，也算是對丈夫表達愛的方式──「因為愛你，所以才不辭辛勞地照料我們的家和家人！」，但她的丈夫可能完全感覺不到，反而介意太太只在乎孩子，認為太太並不關心自己。

當婚姻治療師建議伴侶瞭解彼此的期待時，許多人一開始是抗拒的，他們寧可繼續怨恨、繼續傷心，也不願好好聽聽對方的期待。深入探討原因，其實是因為害怕——萬一讓對方說出期待，我卻做不到怎麼辦？

這樣的恐懼是可以理解的。然而，伴侶對關係或生活的期待，不會因為我們不問、不聽，就不存在！

不鼓起勇氣面對伴侶的期望，只會讓兩人之間的鴻溝愈來愈大。

就算彼此的期待有所落差，只要能感受到另一半對自己的重視，以及願意為自己改變的開放態度，大部分的伴侶們都會

願意繼續嘗試，找尋新的協調方式。經過這樣的努力，就算最後因為無法配合而決定分開，這段充分的溝通和嘗試也能幫助彼此維持自信，尊重彼此的差異，不至於感覺自己被無情拋棄而無法平復。

在關係中尋找平衡

在婚姻或一段親密關係中，人們都害怕兩個極端：一端是被忽略、被拒絕、被拋棄。另一端是被吞噬、被控制、失去自我。

每一個人，置身於關係中的人，都在這兩個極端當中尋找平衡。

太在意被拋棄的時候，沒有辦法獨立存活的時候，只好緊緊抓著伴侶，變成過度掌控。

很害怕被吞噬的時候，寧可沒有幸福，也絕不要負擔，甚至會以為自己不需要親密關係。很害怕任何人太靠近，只要伴侶表現出一點點的控制欲，都會引發我們的抗拒。

其實，在這兩者當中掙扎、反應的，都是內在未曾被妥善整合的張力。感覺關係出現無法解決的矛盾時，需要先給自己靜心反思的空間。每個人的生命成長，都會有自己的道路、有個人的方法，適度的空間是滋養自己，讓自己喘息，也讓伴侶有機會從被動變為主動。

埋首付出之前，先確定另一半想要甚麼。
昨天想要的，未必也是今天想要的。
不斷學習如何讓自己有更大的能量和容量，可以付出但不被掏空，不致因為付出而產生憤怒，也不怨懟伴侶無法同等地回饋。
彼此都抱持如此的態度，才能一起走進明天！

老爸的開心禮物 ▼我可是個寶貝

以前的小孩多半是考上學校才得到禮物，作為獎賞吧？現在的孩子沒考上可以得到安慰的禮物。這麼多的愛，對成長到底是不是好事呢？

紐約甘迺迪機場的免稅店，一個中年男人在名品區來回巡覓，不時看著手錶，似乎快趕不上搭機但又非買到東西不可。他身型矮小，穿著有點褪色的保羅衫和質料粗糙的黑色休閒褲，和精品店顯得格格不入，連店員都不太熱衷招呼他。最後他買了一個大型漢普敦包，大概是店裡最貴的春夏款式。為了好好提著印有品牌名字、還繫著蝴蝶結的超大紙袋，他把自己的公事包和一個塑膠袋掛在登機箱的拉桿上，急急忙忙地往登機門跑。因為掛了哩哩叩叩的東東西西，登機箱一路歪歪倒倒，絆著他的腳步，頗為狼狽。

不知是幫誰買的？太太？女兒？女朋友？直覺應該不是媽媽或姊妹。收到這個包包的女人是否會想像他努力購物的這番模樣，臉上泛起一抹微笑，然後被幸福感包圍呢？

愛孩子的方式

經過十三小時的長途飛行，在東京轉機時，碰巧又排在這位男士後面。這回他胳臂上多掛了一個免稅化妝品的紙袋，每次要前進時都手忙腳亂，得等他好久。他轉頭跟排在後面的旅客說抱歉，突然認出我是「太太在看的節目的心理醫師」，於是候機時就開心地找我聊天。

我說，您似乎受家人矚託購物，大袋小袋地，真辛苦哇！

他說，化妝品和香水是太太的，「我太太會把清單用英文列好，直接交給免稅店小姐就可以等著刷卡了，我也搞不清楚買了些甚麼。呵呵！」「可是，買包包就頭痛了！想給女兒一個驚喜，所以事前沒有問要哪一款，沒想到女孩子包包種類那麼多！」

原來這位先生的女兒在他這趟出差前考研究所落榜了，耽心女兒心情不好，他想買個「分量夠大，可以讓她開心，轉移注意力」的禮物。「小時候不開心的話，我就買大玩偶」，想起女兒的小時候，他笑得很燦爛。「現在是時髦小姐了，爸爸能給甚麼……老師，依您看，我買這牌子應該不算太差吧？」

「怎麼會呢！這牌子很受年輕人歡迎，她一定會很開心的。」

一定會開心嗎？其實我也不知道。如果是被父母寵慣的年輕女孩，從紙袋中拿出包包時，失望地說：「拜託！爸你怎麼買這款啦？我想要的是麥迪遜包啦……」或是「為什麼不買粉紅色嘛！」然後就塞回紙袋裡從來不用，要不然立刻丟給媽媽……也不是不可能發生。

希望不要是如此才好。

禮物的用意

以前的小孩多半是考上學校才得到禮物，作為獎賞吧？現在的孩子沒考上可以得到安慰的禮物，如果考上，當然又有慶賀的禮物。這麼多的愛，對成長到底是不是好事呢？

有位女性友人發現丈夫外遇之後心情大壞，她的富豪父親立刻買了一棟河景別墅送給她。「甚麼邏輯啊？」轉述給我聽的朋友說，「一棟別墅如何安慰一個女人失去丈夫忠誠的憤怒，和沮喪？」

我不知道這位父親真正的用意。也許，爸爸的大禮可以提醒她：妳是爹地的心肝寶貝，沒必要讓自己受苦！

珍貴的禮物，對一個不擅以言辭表達關愛的父親，或一個不容易記得自己被愛的女孩，或許有它存在的功能。父母理性的愛可以讓人懂得尊重自己，在關係中堅持原則，懂得拒絕被傷害。不過，**被父母過度呵護著長大的孩子，進入伴侶關係之後，需要重新學習平等與妥協**，如果心裡慣於想著：「我是爸媽的掌上明珠，你不能欺負我」「我家從來沒有人不聽我的」，期待伴侶像爸媽一樣地給予寵溺，每次吵架都要讓自己贏，心情不好就等著被安慰……如此的伴侶關係終將因失衡而出現問題。

每一個人都希望被伴侶呵護著，像寶貝一樣地被對待。但是，兩個寶貝在一起，如何經營婚姻家庭和人生呢？

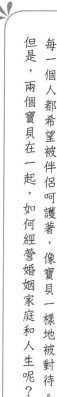

美麗的老派愛情

▼永遠都想被珍惜

撫摸片片押花，她早已記不得哪些是來自哪個人、哪一天。但現在看來，又何須區分呢？

十八歲的女兒戀愛了。就讀於不同學校的男生，每天下課都會到她校門口等待。男孩總會帶點什麼，一束飄著淡淡香氣的花、一個不昂貴的可愛禮物、一頁歌詠女孩如何靈秀美麗的筆記紙。

女兒告訴媽媽：「我同學說，這男生太老派了！」

媽媽有點驚訝：「是嗎？妳們現在不喜歡這樣的？我看他送妳的禮物，都替妳覺得感動呢！」

女兒好奇地問：「在所有男生送過的禮物中，媽最喜歡的是甚麼？」

媽媽想了想，意味深長地對女兒說：「好好享受戀愛的感覺吧！」

女兒的戀愛勾動了媽媽內心的甜美記憶。她先在腦海中盤點溫習，過了幾天，開始跑回娘家翻箱倒櫃，一一找出過往的愛情痕跡。

曾經收到的鮮花早已凋零而被丟棄，但陳舊的厚書裡還壓夾著玫瑰花瓣，雖然豔紅不再，片片褐黃中超越時間的存在感卻更令人安心。思緒迴旋起舞，多久沒有收到玫瑰花了？十年？還是二十年？她想著，丟棄小男友送的花束前，女兒是否也會偷偷地留下幾個花瓣，像自己當年一樣？

一張照片的回憶

常常收到花的時候，並不會想要保留所有，事實上也沒有辦法保留那麼多。當年，自己心中想必有著某種原則，將禮物的重要性加以排序。撫摸片片押花，她早已記不得哪些是來自哪個人、哪一天。但現在看來，又何須區分呢？有些來自任性地愛著、但早就知道此生絕無可能結髮的男友。有些來自特別的紀念日，有些是稀有的品種。有些代表道歉，有些暗示著重新接納，有些是她片面決定要分手時，試圖挽留的男友握在手中苦等過好幾個小時的……

書頁中還有一張照片。不知是哪裡的海岸，沙灘上，大小相近的灰白色石頭排列出她的名字。她沒有去過那裡。是一個男孩寄來的照片，寄來時沒有多寫其他文字。

這樣的照片，不需要文字。還有甚麼比這張照片更能表達他的心意呢？

我在海邊。

我想著妳。

我花了一些時間撿拾大小適中的石頭，排出妳名字的一筆一畫。潮水來了，沖歪了一部分，我重新排過。陽光漸漸柔和，我在一旁等待光線最美的時刻來臨，在夕陽中拍下這張照片，送給妳。

為什麼送給妳？這些，本來就屬於妳，不是嗎？妳的名字，妳的意象，惦念妳的我，因這一切而成就的美。

我愛戀妳，如同沉默的石頭愛戀海洋。

我歌頌妳的名字。不在乎將為海浪沖散。

她是這樣想像的，關於這張照片和拍照的男孩。

她不需要證實他是否真有這番心情，就像他不需要問她收到照片之後的感受。

這張照片永遠見證一個事實，曾經，海水湛藍的一個午後，她不在他身邊，而他想念著她。

她打算把這張照片帶回家，用來回答女兒的問題。

她想告訴女兒，老派的愛情，多美啊。可以讓人懷念一輩子。

在俗世生活之外存在的一個記憶天堂，疲倦的時候可以一再回到那兒歇息，重新相信自己值得被愛。

永遠以這般心情，珍愛身邊的伴侶。
不論相聚緣分長短，共同創造的，如果是愛與溫暖，都會在心中不朽。

尋找非洲酋長

▼偶爾幻想不犯法

昏昏欲睡的聽眾都醒了，男人女人的眼神都明亮起來，發出會心的笑，彷彿看見冒險電影的主角，演繹凡人都曾幻想卻不敢實現的夢。

悶熱的午後，大學講堂內進行著一場國際大師的心靈工作坊。聽眾多半是忙碌的專業工作者，連續數週在工作之餘參加進修課程，雖然興致不減，卻能感覺到整體氣氛是一股沉沉的倦意，正好呼應著當天的主題：中年倦怠。

人生進行到中年的種種慣性。工作、家庭、生活中密密麻麻的既定行程。就連最接近心靈成長的一群聽眾也未必能爬出自己所織的網。

不知有意或是無意，此時大師談起了他曾經認識的一位女性。不惑之年，某朝一覺醒來，她突然無法再忽視自己的感覺。身邊的老公？受夠了。兒女？行程都比她還忙了。工作？不可能再做出甚麼新

鮮的東西。積蓄？如果能停止為了打發空虛心情而作的無謂消費，安於樸素的基礎生活，現有的也該夠了。她拋下一切出走，浪跡天涯到了非洲，和散發著原始男性魅力的部落酋長陷入熱戀，成為他妻妾中的一員。

原本還想思索「他們用甚麼語言溝通」，整個教室中復活的氣氛卻像翻滾的浪潮般不斷高漲，沖散了理性的思緒。昏昏欲睡的聽眾都醒了，男人女人的眼神都明亮起來，發出會心的笑，彷彿看見冒險電影的主角，演繹凡人都曾幻想卻不敢實現的夢。

「經歷這麼多，最近才瞭解自己真正想要的是甚麼，可是身邊卻是不瞭解自我時就締結的伴侶。」

這樣想的人，他（她）的伴侶心裡，大概也有同樣的感觸吧！

「雖說前半生如此走來有其必要性，但若只是繼續這樣到死，未免有些遺憾。」

但，不繼續這樣的話，又很恐懼？

「每天拼命投入的工作，除了薪水，對我究竟能增添甚麼滿足感？」

然而，除了這種工作，我還會些甚麼？

蠢蠢欲動。為了不讓這些念頭打亂好不容易建立的人生局面，只好用更多「形式上正確」的事物填滿時間——有人規定每週一定要撥出半天跟家人相處，但如果沒話講呢？看電影不用交談，逛大賣場也是個辦法。有人乾脆週末加班。不然也可以進修或運動——從聽過的排舞、插花、串珠、氣功、各國語文到沒聽過的烏克麗麗和蝶古巴特，把求新的能量昇華，似乎都比面對深沉的空虛或尋找非洲酋長可靠些。

據說這位酋長太太在半年後就醒了，發現酋長只是她尋找自我的一個驛站，而不是終點。她離開非洲，回到自己的國家，開始深層的靈修，不久後，終於遇到真正相知的伴侶。後來她一直與愛人住在眺望海灘的小屋裡。

過著幸福快樂的生活？

這就沒有人知道了。

故事說完，大家需要冒險的能量，似乎得到了抒發。

偷偷沉醉於羅曼史小說的拘謹主婦。
關上房門狂練美女電玩的老實丈夫。
有時候，幻想情愛的出走，只是為了能夠繼續待在現實中。

義式浪漫

▼男人還是男人。女人還是女人。

平常安靜的男人突然都很激動，感嘆女人愈來愈不懂得欣賞內斂男性的可貴。似乎許多人都有過女友被甜言蜜語的男人拐騙的慘痛經驗。

初春的倫敦下起雪來，而且是濕濕的那種雪。氣溫一下高些、一下又低些，雪融了在地面結成一層薄冰，底面沒有加釘的鞋子很難行走。這個時節突發奇想，一逕飛到了威尼斯。

雖是嘉年華前的旅遊淡季，水都仍然遊人如織。本來打算到了威尼要隨俗搭乘貢多拉的，結果和友人在碼頭邊看了半天，怎麼覺得哪裡怪怪的。

「現在船伕都沒有帥哥了嗎？跟電影裡面不一樣。」

「帥哥都去演電影了吧！威尼斯快淹掉了，有志向的男人不會待在這裡。」

大家討論的「帥與不帥」的感覺，其實不是長相或體型，而是一種氣氛問題。許多貢多拉船伕穿著羽毛衣（該不會是UNIQLO的吧？看起來好像！），還裹著圍巾，總覺得他也是來搭船的。

現代化與全球經濟對於美景的破壞似乎深入到每一個角落，除了船伕的扮相，街上的店家多是國際連鎖品牌，風格獨具的小店無不面臨與財團競爭的生存危機。還好餐廳比較不受影響，畢竟美食的力量和其他衣物商品還是不同的。

大夥兒發現一家橋下的小酒館，入口隱蔽，裡面卻熱鬧非凡。侍者平均年齡顯然超過五十歲，但個個活力充沛。服務我們的大哥滿頭銀髮，他一邊點、上、收盤子，一邊唱歌，還一邊逗女顧客開心。倒酒的時候，他給女士足量的一杯，殷勤地說著「好酒獻給美女！」，然後擠眉弄眼地只給同桌男士一丁點兒；上甜點時也有把戲，他先掏出幾支湯匙給女士們，接著作勢就要走開，男士們紛紛喊著「喂喂！」，他才滿不情願地掏出好小的迷你湯匙給男士，還湊在女士耳邊說：「給他們小的就好了！」

對於這種簡單的恭維，在座男性都露出不以為然的表情，撇著嘴說：「哼！義大利男人！」然而，女士們果然都很開心，連幾位祖母輩的都咯咯笑了。

這麼一來，餐後的話題自然轉到「奉承女性」，這種被有為的男人視為輕浮，但多數女人還是會在心裡偷偷享受的古典行為。

「妳們女人就是會被這種殷勤欺騙，明知沒有任何意義，卻都樂成這樣！」「義大利男人嘴很甜，到處都能跟女人搭訕。」「嘴上說妳們漂亮，不代表真的這樣認為。」

不知怎的，這些平常安靜的男人突然都很激動，感嘆女人愈來愈不懂得欣賞內斂男性的可貴。似乎許多人都有過女友被甜言蜜

語的男人拐騙的慘痛經驗。

其實，哪一個女人不知道隨意的恭維是謊言呢？只是，偶爾也會想來一點。就像威尼斯酒館晚餐後的提拉米蘇，老套卻甜蜜。

對於義式浪漫，女人還是擁戴的。對於稍受讚美就開心的女人，男人還是心疼的。

伴侶的地位應該平等，但說到情趣，男人和女人，偶爾刻板一下，或許，無妨吧？

幸福的個性 ▼接納過去往前走

為了某種過去留下的遺憾，人們無意識地、奇妙地，製造意義上類似的情境，內心期望這次可以做對，得以彌補或抵銷之前的痛苦。

甚麼樣的人能夠幸福？

在認識的人之中，曾經遇過兩個女孩，約略同時遭遇感情的變故。處於這種低潮時期，誰看起來都是一樣的落魄狼狽。雖然各人的故事表徵不同，內涵意義總是相似。人間感情的問題，還原到底都是如此——認為自己付出很多，不解對方為什麼無心珍惜。最後，早已被對方逐出心房的人，終於失去掙扎的力氣，被迫接受分手已成事實。

剛開始，她們的狀況很像，情緒起伏不定，思念與憤怒交替來襲，重覆思考自己是不是被對方否定了？被利用了？還是哪裡做錯了？無助時只能找朋友傾訴，身心精神極度損耗。然而，不出數月，身邊的朋友已可想見她們未來不同的際遇。

第一個女孩

第一個女孩不停地抱怨周圍的人。

她覺得觀念傳統的家人不能與她分擔痛苦，朋友給的建議統統無效，上天不公平，虧欠她應得的支持與關愛。朋友勸她放下，她說：「我不甘心！」。家人勸她重新開始，她說：「我受了這麼重的傷，怎麼可能站得起來！」說甚麼都沒有用，周圍的人學著默默傾聽，配合她的需求，不評價、不亂出主意，但還是被她指責：「難道你們都沒有方法能幫我好起來嗎？」

後來有個男人追求她，鑒於上次的情傷，她決定對這個男人嚴加考驗，務必證明他對她的愛足夠深厚強韌，才能再次投入感情。每次想起不愉快的過去，情緒跌落谷底時，她期待看到新男友展現安慰的能力，但他說的話、關懷的方式總是無法化解她的煩躁，她很失望：「為什麼你不能用心一點？」

過了一陣子，男人知難而退，留下對她的祝福：「雖然妳不認

同，但我真的努力過。別人對妳的傷害，我修補不了，別人欠妳的，我還不清。我該走了。真心希望妳有一天能快樂起來。」

另一個女孩

另一個女孩也覺得家人觀念傳統保守，不可能提供有用的見解，但她選擇自己承擔，不告訴家人太多細節，以避免意見不同和過度關心所引起的爭執。心情不好時她會找朋友，朋友邀約的活動，她會盡量參加。雖然食不知味，看電影也心不在焉，但她由衷感謝朋友的陪伴。她回顧這段關係的始末，慢慢消化對方造成的疼痛。她說，「我最希望看清的，不是他為什麼不愛我，而是自己的個性有甚麼弱點。」

開始新戀情之後，她偶爾也會掉入感傷的低潮，想起過去也曾享有戀情的甜蜜，最後卻無情地變質，對於這次的感情，是否要自私些、自保些呢？這種時候，她常提醒自己，既然對不好的前男友都能付出那麼多，對於現在願意陪在自己身邊的人，應該付出更多而不能更少。**失戀讓人瞭解不被珍惜的痛苦，一定要公平地對待有心的人。**

人們說她擁有最終能夠幸福的個性。

那是甚麼？

一份對人的體貼，隨時願意調整自我的態度。

一種不為冷酷挫折所摧毀的個性。一種開放的、隨時隨地的接納。

一個人的個性，可以在成長過程中不斷地變形、轉化。目前的為人處事習慣，不見得都是本心自性，許多是因為過去經驗中受了傷，而產生的扭曲反應，為了防衛而戴的假面。

不重覆中的重覆

有一種歌，從頭到尾只重覆著一小段旋律，這種歌特別容易印入人心，像強迫症一般持續在腦中播放，好一陣子無處可逃。性格習慣也是如此。

重覆，重覆，重覆。人們並不排斥重覆，或者，無法不重覆而不得不接受。仔細想想，生活不就是由幾種片段不斷重覆而組成的？循環著吃一樣的東西，今天吃牛肉的話，明天是豬肉，接下來是雞肉、海鮮、素食……然後又回到牛肉、豬肉、雞肉……重新開始。生物學家發現人類連基因都是一組一組重覆的，這一點也不令人驚訝。不重覆的話，需要增加多少麻煩？

重覆的生命情節，帶給我們熟悉的感覺，但是，以為這樣比較容易駕馭，卻可能是個錯覺。有一種重覆是絕對需要跳脫的，那就是「傷害」。

以為自己不可能重蹈覆轍，但實際上卻一再發生類似的事。例如，明知父親的某種個性讓母親一生痛苦，也毀了自己的童年，長大後卻老是愛上與父親同類的男人。或者，每次都用某種方式與伴侶談某件事，每次都不管用，卻還是不斷地重覆著嘗試。

為了某種過去留下的遺憾，人們無意識地、奇妙地，製造意義上類似的情境，內心期望這次可以做對，得以彌補或抵銷之前的痛苦。在重覆的嘗試中，以為可以製造新的機會，這次，對方不會像以前那個類似的人那樣般傷害我們？這次，我可以反轉以前的挫折感、無力感、罪惡感？

心靈的奧祕在於，我們只會在重覆中得到重覆的結果。

想要擁有幸福的個性，必須先停止無謂的掙扎，從創傷的反應模式中跳脫。

這不是伴侶能替我們解決的事。

而是，我們自己成為一個健康的伴侶之前，需要努力不懈的功課。

男人喜歡笨女人嗎？▼聰明的選擇

如果笨和無能就可以得到男人疼愛，為什麼滿街都是為愛受過傷的女人呢？

常常聽到對關係不滿意的女性說：「我就是太能幹了，才會做得灰頭土臉又得不到感激。」她們可以輕易舉出好幾個對照組的女人——完全稱不上能幹，甚至是無能、愚笨或懶惰的，但卻能得到好男人對她呵護備至。

接著，一個耳熟能詳的假設上場：「男人就是喜歡柔弱的女生，甚麼都不懂、沒大腦或不用腦、需要他保護的最好，笨女人能給男人成就感，讓男人心甘情願地捧在手心，為她做牛做馬。」

這個假設深得人心的程度出乎我的想像。許多女性朋友在感情受挫時、得不到男人關愛而覺得疲倦時，就一邊生氣一邊這樣想：「可惜我不能笨一點。」還有人真心地懇求：「請教我如何變笨！」

「結婚至今他的工作都不穩定，都是我在賺錢。每天工作到七八點，我回到家還要處理小孩一團亂的情況。他甚麼都不做就算了，還常不高興，說我是女王。」「我有個國中同學，連飯都不會煮，小孩基測怎麼考她也完全弄不清楚。上天就會給這種女人一個負責任的好男人，她老公上班前、下班後都會接送小孩，連她閒閒去學瑜珈或逛街也會接送。」

如果笨和無能就可以得到男人疼愛，為什麼滿街都是為愛受過傷的女人呢？

聰明女人得不到幸福？

從長年諮商伴侶的經驗中發現，抱持這種想法的女性，在男人眼中往往不是能幹或聰明，而是「自以為她很能幹和聰明」。

這樣說很殘酷，但卻是事實。

有位太太不斷地抱怨「男人只喜歡沒用的女人」，哀嘆甚麼事都是自己做的，先生從不幫忙，也從未呵護她。她的先生靜靜聽著，默不吭聲。太太愈說愈氣，堅持要他回答「男人為什麼會這麼賤？」

先生噤口不語，太太更加惡言相向。如此轟炸持續一小時後，他終於站了起來，激動地說：「首先，我不是不想回答妳，而是，不管我說甚麼，從來不會是妳要的答案。只要我的答案跟妳想的不一樣，妳就會更生氣！」

「第二，妳不用問我男人怎麼想，因為在妳面前，我只是一個有問題的男人而不是男人。」

「第三，對於女人『有能』好還是『無能』好，我沒甚麼感覺。我能感覺的，是一個女人喜不喜歡我。我只想要一個喜歡我的女人！」

除了少數自尊心或人格有問題的，一般男性並不會因為女人能幹就對她不好，也不會只因為女人笨就對她好。

「男人喜歡笨女人」，**這種想法只會讓女人變笨，本來得不到的幸福仍然不會因此從天而降**。真正的問題在於，人無法對輕視自己的人產生親密感，男人女人都是如此。如果與不負責任或能力比自己差太多的男人在一起，女人不得不自立自強，變得愈來愈能幹，除非經常提醒自己，很容易因為無法欣賞身邊的男人，或是過於辛苦疲累，因而失去作為伴侶所需具備的溫柔。

如果跟負責而細心的男人在一起，無論怎樣的女人都能感覺舒適而放鬆，看起來就像是無為而無能。所以，並不是變笨就能得到男人疼愛，而是要挑對男人才能清閒裝傻。

女人需要的不是變笨，而是在挑選伴侶時更聰明。

關係還是平凡好

▼無事就是福

透過擁有的人、東西、關係來確認自己的價值，如果失去那些東西，就會懷疑自己到底是甚麼？

兩個女人的對話。

「妳想做一個平凡的人，還是一個特別的人？」

「甚麼是平凡？」

「長相平凡，打扮平凡。學歷平凡，成就平凡。戀愛平凡，家庭平凡。生活平凡，思考平凡……」

「天哪，不要再說了，**這種人生值得追求嗎？**」

「那妳想要甚麼樣的特別？」

「特別的感覺，特別的愛情，特別的職位……也不用太特別啦！

希望比一般人生有趣一點，比一般戀愛激情一點，比一般朝九晚五的工作多賺一點，老公浪漫一點，孩子的話，希望比我姐的小孩聰明一點……喂！妳現在心裡是不是想著『這個人好貪心』？算了，隨便妳怎麼想，這些難道有人不想要嗎？我只是比較誠實，願意承認而已。」

「我並沒有覺得妳很貪心，我也一直在追求這些東西。只是我發現，說到特別，我們所想的都是「**從外面獲得某些東西**」。例如妳說的，愛情、工作、老公、孩子，意思好像是想**得到**一些特別的東西，可是，我們一開始的問題是「**做個特別的人**」，不太一樣吧？」

「有差別嗎？如果妳是一個夠特別的人，我是指正向的特別，也就是夠好的人，就能擁有這些好的事情吧？」

「是嗎？那麼，如果沒辦法得到這些好事，就代表我不夠特別、不夠好嗎？或者，只要得到這些東西，就代表我是一個特別好的人嗎？」

「我不知道。不過，我跟上一個男友要分不分時，大概就是被這個卡住吧！他做出那種事，是不是因為我不夠好？個性不夠好？床上功夫不夠？還是不懂得保持新鮮感？或者我的工作太平庸，比不過那個八面玲瓏搞行銷的女人？」

「我就是在想這個。遇到這種事的時候，我們一直掙扎，痛苦不堪的心結到底是甚麼？**透過擁有的人、東西、關係來確認自己的價值**，如果失去那些東西，就會懷疑自己到底是甚麼？我有幾分重、有幾分好嗎？或者根本是個隨時可替換的普通品。」

「當然會懷疑自己啊！有幾個人像我這麼倒楣過，我相信他要跟我結婚，為了他辭掉工作，搬到山上去陪他中風的媽媽……結果有一天，我弟載我媽要來看我，在山間小路轉半天找不到，弟弟尿急找了一個樹叢想停車，竟然就看到我的車在附近，我媽撐著傘高興地跑來敲車門，結果裡面是我男朋友跟那女人在那個！」

「他開妳的車還那個！太敢了吧？我沒聽過妳這一段，好像八點檔耶！」

「就是啊，這種經驗也算是一種『特別』吧？如果是這種特別，人生還是平凡就好了。我可以改答案嗎？」

「呵呵，妳看，平凡果然還是不錯吧？」

「咦，不對啊！妳這種人最近為什麼會想開始想『平凡』？該不會是妳老公也怎樣了吧？」

「不是啦，其實是我喜歡上一個男人，我老公不知道……有時候心裡很亂……」

「甚麼！別鬧了，妳不是一向特別聰明嗎？怎麼會……阿彌陀佛，是好朋友才願意說妳啦，妳最好還是平凡一點！」

許多人抱怨婚姻生活平淡無奇，但真正遇過婚姻波瀾的人，最後希冀的，卻是平淡的珍貴。

伴侶之間，需要互相幫助，學習面對穩定中必然的平淡感，從日常中感覺幸福。

愛自己才能愛你▼不做你的負擔

當各種需求衝突的時候，該滿足哪一個？如何誠實看待自己的每一部分，包括自己不喜歡的部分？

有位事業成功的女老闆，在聚會中聽聞年輕一代討論「如何愛自己」，覺得非常驚訝！「人生，不就是把排山倒海而來的任務一件一件完成，一樣一樣克服嗎？愛自己，就是做好自己在意的事、實現自己的能力吧！」有人說，愛自己是好好照顧自己。有人說，做自己喜歡的事。不過度勉強自己。該放下就放下，不要事事求完美。不要為別人無止境的付出與犧牲。

愛自己並不是一件簡單的事，「自己」恐怕是所有人當中最不容易照顧的。當各種需求衝突的時候，該滿足哪一個？如何誠實看待自己的每一部分，包括自己不喜歡的部分？許多人把所有的力氣都用在照顧家人、孩子，或投入於工作，除了責任感之外，往往還有一個潛在的原因——不知道如何與自己相處。

用對方法愛自己

開始學習愛自己，如果不知道該做些甚麼，不妨以小時候耳熟能詳的教育理念檢視自己的生活——不要太驚訝喔！就是「德、智、體、群、美」。

德：榮格學派心理學家約翰・畢比（John Beebe）認為「德」的真義是「人格的完整」（integrity）。愛自己的人必須看清自己的各種面向與需求，忠於信念，經常檢視自己「相信甚麼」與「不相信甚麼」、「甚麼值得珍惜」或「甚麼不值得追求」。不做自己不甘願或不喜歡的事，就不會認為所做的事是為了別人，如此可以免於煩躁怨懟的情緒，經常感到自在，對人也能寬容溫和。這是愛自己的心安。

智：不斷追求思考的成長，進修有興趣的項目。閱讀各領域的好書，聽演講、參加課程、記錄與剖析自己的思緒，拓展人生觀的深度與廣度。這是愛自己的智慧。

體：每天有足夠的運動，遵行有益健康的飲食原則。注重空氣、水質、以及各種居住環境的元素。例如撥出時間採買品質良好的食材，自行烹調而減少外食，學會觀察身體的訊號，立即維修失序的身心功能。身體累了就該休息，心情累了就該紓解。這是愛自己的健康。

群：投入足夠的心力與時間維繫人際關係，定期與朋友見面，並且定期參與能夠結識新朋友的活動。可能的話，讓自己屬於某個團體，例如某種才藝團體、學習團體或嗜好團體。團體中的身分認同和互動能夠平衡家庭或工作身分中的角色，讓人格更加成熟。

美：接觸美感的事物，欣賞或創作藝術。仔細觀察自己，發掘自己的美麗，並且展現出來。不只是外表的美，還有內在的美。

愛自己就是認真看待自己在上述各方面的需求。**在行程衝突的時候，仍然重視自己需要的養分與照顧，而不是永遠為了他人、工作而忽略，這是——愛自己的堅持。**

凍齡美人的背後……

我曾在健身房遇到一位年近五十的女演員，雖然只是淡妝和樸素的運動衣褲，她走動之間顯現的纖細腰線、完美的臀部和修長美腿，十足令人驚艷。

我們小時候就耳熟能詳的女明星，現在當然都是中年或老年婦女了。有些看起來的確老了，由嫻靜優雅取代當年的青春美麗；有些卻堪稱不老妖姬，以驚人的魅力繼續沾躍，為同樣也在變老的粉絲樹立抗衰的標竿。

不過，「年紀大也可以身材很好」這種讓人感覺安心的話，其實有不為人知之處，需要相當的毅力和正確的知識才能成真。所謂「凍容美女」比較簡單，不惜血本地運用醫療科技就可以除皺、豐頰、美白、拉提、去斑等等，但如果要在五十歲時仍然全身緊實、肌型優美並且體力充沛，就不是隨隨便便可以擁有的。這種成就無法只靠付錢而換得，光是節食也不夠。年輕女孩節食清瘦，看起來或許就很漂亮，但中年女性瘦了仍然皮鬆肉垮。事實是，每一吋都要靠自己持之以恆地鍛鍊，不能偷懶、不能怕無

聊、不能怕辛苦，也不能情緒化。像年過半百的瑪丹娜，藉著健身和瑜珈維持完美的體型，有人說她已經變成健身狂了——不斷挑戰更上層樓的肌肉鍛鍊與體力鍛鍊，堅持特殊比例的飲食……到了一般人難以想像的程度。

一個人如何對待自己的身體與個性有關。運動員和女明星練健身可能是職業所需，比賽和工作的回饋可以提供動力，幫助她們對抗辛苦。但一般人能不能克服偷懶的習性，每天耗費數小時操作一套訓練，就要看意志力了。初期的痠痛與挫折感並不容易突破，後續還考驗著人的穩定度，不管心情如何、發生甚麼大小事都還是要健身，就像每天要吃飯和如廁一樣。能夠這樣的人，意志力必須在平均值以上。所以許多事業成功的男女老闆不練則已，一旦練起健身，也會比別人更有毅力、更嚴格。

年輕女孩的曼妙身材是天生、青春無邪的，不帶有激進威脅、與力量無關。但熟年女人的完美比例卻是堅強意志和自控力的產物，能到這個階段，也不再會是被男人和感情控制的柔弱動物了。因此，那些只看到外表，以為能把火辣身材的熟女當作年輕女孩一樣對待的男人，恐怕會犯很大的錯誤。在健身房裡，肌肉就是力量，愛情只是用來挑戰自我的啞鈴。

從年輕就攜手的伴侶，能不能同步成熟、成長？走入中年，如果一方在身心方面都發展出完備的能力，而另一方卻仍找不到自我重心、解不開生活哲學……如何能愉快地白首偕老？

為了不成為伴侶的負擔，年紀愈大，愈要好好愛自己！

無止境的機會 ▼有疆界的空間才是包容

要走要留，他做得都像是女人自己的決定。結果兩個女人都忍氣吞聲，感覺被他漠視與忽略時，氣得想離開，但卻總覺得哪裡怪怪的……

希望別人給你機會嗎？

都說有機會是好事，但機會明明也有不好的。小時候玩的大富翁不就是如此？記得骰子一丟，發現自己走到「機會」時，又期待又怕受傷的緊張心情嗎？機會卡一翻，有可能進財得利，但也可能倒楣到傾家蕩產。

有一個男人腳踏兩條船，犯了「並非所有男人都會犯的錯」。被兩個女人逼得煩了，生性沒甚麼責任感的他決定雙手一攤，不想再過整天安撫女人和編造藉口的辛苦日子。首先，他告訴爭吵不休的女友：「好吧，下個月等我太太從美國回來，我會告訴她一切，然後搬出來。這樣妳可以相信我了吧？」女友又驚又喜，感動得大哭大叫，把他當成皇帝一般伺候了一個月。

接著，他果真向太太吐露偷腥的詳情，一五一十，不過並沒有提到要搬出去或離婚，而是面色凝重地說：「我做了這種事，沒有資格期待妳接受。」太太深受打擊，痛苦地大哭大叫。問他想要哪一邊？他說他不知道。當太太憤怒指責或哀傷不語，他保持沉默，最多只說：「對不起，我是個爛人。」他沒有積極修好的熱忱，卻也沒有離家的行動。太太心想，如果繼續爭吵，好像自己才是殺死婚姻的兇手。結果太太比以前更溫柔地對待他，希望喚醒他對於婚姻的熱情，她對他說：「我決定再給你、也給我們一次機會！」

機會最多給幾次？

確定太太知道他的可怕行為但並不會把他踢出門外之後，他頓時高枕無憂了。即便女友來找太太，也無料可爆了。殷殷企盼並且每天都在找房子的女友等不到消息，追來詢問，他簡單扼要地回答：「我以為我太太一定會氣炸，把我趕出家門。結果她竟然沒有。沒有她的拒絕做為最後的推手，我無法如此殘忍地終結多年的婚姻。我只能說我料錯了。這不是妳想要的結果，但事情就是這樣了。」他沒說要跟女友分手，但也不像以前殷勤，只是偶爾發發想她愛她的簡訊。

當女友試圖釐清「我們現在是甚麼關係」，他保持沉默，最多只說：「對不起，我放棄了我們一起生活的美好夢想，我是個笨蛋。」稍加施壓，他就說：「我們果然是不可能的。」最後女友說：「好吧，我不會再逼你了，我給你、也給我們最後一次機會：我會接受你的一切狀況，只要你說要我留下就好。」他說：「我無法想像不離婚的我可以給妳甚麼，所以我不能開口請妳留下。如果妳想為自己尋求其他更幸福的機會，我也不會抱怨。」

要走要留，他做得都像是女人自己的決定。結果兩個女人都忍氣吞聲，感覺被他漠視與忽略時，氣得想離開，但卻總覺得哪裡怪怪的——事情怎麼會變成這樣的？無情地拋棄感情的人，好像變成是自己而不是他？如果這麼走開，他不會慰留，連道歉都不必說？因為他沒有拋棄女人，是女人自己要走的啊！

無望的戲碼，每個人都在給機會，結果可以耗費大半輩子。

真正在乎的人事物，有一次機會就會緊緊抓住。就算看不到機會，也會拼命求取，不是嗎？**如果自己一直在給同一個人機會，會不會那個人根本不夠在乎？**

伴侶之間，當然需要包容與空間。
但是，沒有疆界的空間，已經不算是空間，也不算是包容。
如果失去自己、失去原則，伴侶之間就會失去連結的力量。

One Hundred Love Sonnets: XX

Pablo Neruda

Mi fea, eres una castaña despeinada,
mi bella, eres hermosa como el viento,
mi fea, de tu boca se pueden hacer dos,
mi bella, son tus besos frescos como sandías.

Mi fea, dónde están escondidos tus senos?
Son mínimos como dos copas de trigo.
Me gustaría verte dos lunas en el pecho:
las gigantescas torres de tu soberanía.

Mi fea, el mar no tiene tus uñas en su tienda,
mi bella, flor a flor, estrella por estrella,
ola por ola, amor, he contado tu cuerpo:

mi fea, te amo por tu cintura de oro,
mi bella, te amo por una arruga en tu frente,
amor, te amo por clara y por oscura.

一百首愛的十四行詩：二十

聶魯達 著　陳黎‧張芬齡 譯

我的醜人兒，你是一粒骯髒的栗子，
我的美人兒，你漂亮如風，
我的醜人兒，你的嘴巴大得可以當兩個，
我的美人兒，你的吻新鮮如西瓜。

我的醜人兒，你把胸部藏到哪裡去了？
它們乾瘦如兩杯麥粒。
我更願意見到兩個月亮橫在你的胸前，
兩座巨大的驕傲的塔。

我的醜人兒，海裡也沒有像你腳趾甲那樣的東西，
我的美人兒，我一朵一朵花，一顆一顆星，
一道一道浪地為你的身體，親愛的，編了目錄：

我的醜人兒，我愛你，愛你金黃的腰，
我的美人兒，我愛你，愛你額上的皺紋，
愛人啊，我愛你，愛你的清澈，也愛你的陰暗。

II／一起面對的真實世界

有一位小姐，每天都搭同一路公車。

有一位男士，每天也搭這一路公車。

小姐總是帶著傘。陰天是雨傘，晴天是陽傘。每次上了車，她便把傘柄勾在面前的椅背上，從包包裡取出書本讀著。她讀得入神，總是到下車前的最後一刻，才慌慌張張地把書闔上，站起來拉鈴。

有一天，她又這麼趕著下車，忘了拿傘就往前門跑，男士抓起傘追上她，柔聲說：「小姐，呃，妳的傘……」

之後，他們每天一起搭車，並肩坐著。小姐不看書了，兩人總是有說有笑地聊著。

過了一段時間，他們手上出現了婚戒。

漸漸地，他們並肩坐著的時候，交談的次數愈來愈少。小姐又開始在車上讀書了。

有一天，快到站了，小姐沒有察覺，繼續看著書。男士用手肘推推她，她哦了一聲，站起來往下車門走。男士跟在後面，不耐煩地喊：「怎麼搞的，妳又忘記拿傘！」

這是好久好久以前，不知道從哪裡聽來的故事。那時候我還是個年輕學生，還沒有談過戀愛，更無法想像婚姻是怎麼回事。可是，不知怎的，這個故事碰撞著心中的甚麼，使我一直記著。或許是一種淡淡的無奈吧？

「婚姻一定是愛情的墳墓嗎？」

「熱情總是會消褪的。」他們說。

長大的我們都說懂得，這是常理。但私底下卻仍然偷偷期待，甚至發誓，我的愛情要與眾不同，永遠保鮮不褪色？

婚姻有其生命週期，任何一段關係也都是如此，初識而墜入愛河時，

將彼此理想化，把自己的夢想投射在對方身上，以為完美愛侶終於出現，爾後逐漸深入瞭解，知道對方的真實面貌，幻想消解，然後，我們必須重新學習如何與真實的對方相處。

幾乎所有的婚姻關係研究都顯示，一段親密關係不可能是不斷前進的，它必定也有停滯、甚至退行的階段。

伴侶們如何在迷宮般的生涯中保持相隨，需要愛，需要智慧，更需要開放接納各種挑戰的勇氣！

Chapter 3

夢幻之外的日常點滴

- 關於熱情——保溫，或是再沸騰？
- 關於中年——分歧，或是一起成長？
- 資深伴侶——「還想要」或是「受夠了」？

關於熱情▼保溫，或是再沸騰？

本來以為伴侶無條件地喜愛著我們，後來逐漸發現，對方在某些時候，也會討厭我們的某些個性、某些想法、某些習慣，有時還會討厭到不想理我們！其實，我們對伴侶又何嘗不是如此？

幻想投射的消解——真實的認識

幻想消解，才能開始與真實的彼此相處，這是關係的初生期，接著這段關係會像小孩一樣慢慢長大，伴侶雙方無可避免地將發生碰撞。為了維護自我的完整，彼此都會強調「我的領域」與「我的需要」，爭執也就開始了，「我不想老是配合你」，「你應該多配合我」，「為什麼我要為你犧牲，而不是你為我犧牲？」這是關係的少年期，在權力上拉鋸，為自己定位。每一對伴侶，根據個性特質的組合，將發展出一套相處的模式，有些相安無事，有些是危險平衡，只有少數是雙方都滿意得不得了。

再過一段時間，關係有可能進入另一個階段，類似人生遲滯的中年期，伴侶各自也正面對著個人生涯的中年危機。中年遲滯期過後，逐步邁入關係的老年期，老年期的特徵是，雙方一切已經非常熟悉而穩定，關係中未必再有新鮮的元素，這時期如果要有生命力，端賴雙方能夠在舊有元素上衍生新的意義。如果一段關係能夠在此階段達到成熟，建立彼此之間一種永恆的價值，伴侶將較能面對死亡或分離的終極恐懼。就好像一個人到了老年，需要確認此生的價值，於是能夠坦然、安然地迎接生命的終點。

但，並非一個關係都可以這樣順利地成熟，有些走到某個階段或關卡就停住了，有些停滯很久，完全看不見重新啟動的跡象。

當親密關係陷入某種僵局，失望、消極或抱怨都是無用的，我們必須像理解生命一般，理解「關係」本身也有生命，也有階段。**願意與伴侶合作，開放地檢討與思考，也願意將此視為自身的課題，而不是一味地指責對方，或是輕言放棄，宣判關係的無救或死亡。**

「心意」相處與「形式」相處

處於不同的人生階段，需要藉助不同的事物以獲得滿足感。以浪漫而言，有些人非常需要這種感覺，不只是女性，男性也渴望浪漫。重要的是，經營關係的時候，是由自己或對方的喜好做為出發點？多從對方的喜好去思考，比較可能找出雙方都愉快的模式。

常見夫或妻在婚姻出問題時百思不解：「我一直以為我們的關係很好，另一半都會配合我的要求，每天牽手散步，每天飯後聊天，每季出去旅行……，為什麼這樣還會出問題？」其實，這些行為對親密關係可以非常有益，也可以只是形式。試想，如果您正處於職場的高壓期，與同事之間激烈的競爭讓您恨不能有更多時間，用以衝業績、進修、趕工、思考，而另一半卻只知堅持「要有更多談心時間」、「週末是家庭時間，絕對不可以工作」，這樣，您會有甚麼感受？

真正讓人產生親密感的，是自己的目標能被瞭解、被支持，像這樣的時期，死守著「要花時間相處」的形式，並不能提升相處的品質。還不如一起討論該如何彈性調整常規，幫助伴侶達成目標。

表面上做的事，如果不能貼近對方現下的需求，彼此的心如果沒有交通、沒有追隨依附，任何「模範夫妻的生活形式」都無法維護愛情與婚姻。

當然，我們需要找到一個巧妙的平衡點，如果完全不用心相處，每天各自忙於自己的工作，關係也會淡化。這裡所強調的，是用「心意」相處，互相滿足，而不是用「形式」相處就可以。

又如，溫柔是甚麼？有人認為自己總是低聲下氣，曲意迎合，像傭人一樣地服侍伴侶，應該沒有人比我更溫柔了，但為什麼另一半卻不這麼認為？

溫柔，是人們在脆弱時，最渴望回歸的地方。不論男性或女性，期待的溫柔是「隨時願意聽我說」，「願意瞭解我的想法和需要」，這樣的溫柔必定讓人依戀。但是，如果**不以瞭解對方為基礎，一廂情願地用自己的方式提供照顧，只會讓人透不過氣，真正的需求反而被掩蓋，無法被看見**。這，並不是溫柔，不會讓人依戀，還可能使人本能地想逃。

彼此渴望的核心特質

選擇伴侶的時候，我們都希望自己是對方由衷喜愛的人，如果將彼此繫緊的，是人格中本質性的部分，這樣的連繫是一種依存需求，深層需求的連繫是所有關係之中，最難切割的一種，兩個人的生命主題互相呼應，不管外在環境怎麼改變，還是會執著於彼此。

如何知道伴侶是不是深層呼應的人？我們必須先深入探索自己，瞭解自己擁有甚麼、不擁有甚麼。有時候，他人會將某種幻想與期待投在我們身上。例如，有人明知自己性格獨立，某天出現了一位追求者，狂喜地說：「妳是我夢寐以求的女子！妳如此柔弱，我要好好照顧妳！」這時候，該怎麼做？冷靜地讓他知道他弄錯了？把幻想投在我身上了？還是沾沾自喜地接下腳本，順理成章地收下愛，愈演愈柔弱？

這樣的誤解關係，能夠支撐多久？當真正的性格從內在發出抗議，驅使人回歸本性，兩人之間，就得面對驚訝與失望。之後，重新開始相處——收回自己強加於對方的幻想，改變忽略真我而交換愛情的不誠實態

度，開始發展真正的關係。

愛情開始時的興奮狀態，不可能永遠維持。一段長久關係的意義，在於伴侶如何協同合作，將最初的激情轉化並深化為生命交織的部分。

愛情能不能保鮮？

在廣播節目《發現心關係》中，我曾經邀請聽眾分享對於「愛情保鮮」這件事的看法，您同意「愛情保鮮」這種觀念嗎？還是，您認為不能這樣思考愛情？保鮮的愛情是甚麼模樣？可能嗎？該如何做？

電話線立刻被佔滿了。撥進來的聽眾朋友，大多是伴侶關係或婚齡長久的：

「溝通和包容是愛情保鮮的方法！伴侶中，常有一方需要退讓，我們可以藉由某種信仰的智慧，讓自己更能包容、溝通。」（梁小姐）

「愛情可以保鮮，但不該是用「勉強」的。夫妻可以多製造浪漫的機會，因為人是健忘的。至於，如果有新的心儀對象，在心裡默默享受新的感覺吧，愛情是短暫的，只要繼續靠著智慧和理性經營原來的愛情，那麼原來的關係會繼續茁壯成長，短暫的愛情火花一下就過去了。」（陳小姐）

「信仰之外，還需要接納的能力，我們可以上心靈成長的課程，學習

瞭解伴侶的心態，知道行為情緒背後的原因。認識他，接納他。」（鄧小姐）

「我相信可以保鮮，和男友相處八九年了，常和男友討論這問題，結論是，在一起，就想珍惜這份感情，不會因為外在的誘惑而改變。但也抱持著不一定會永遠走下去的心態，所以每天都珍惜彼此還在身邊。另外，一定要常溝通才不會累積壓力。」（CC）

「我覺得可以保鮮，對男人來說，聰明的女生可以有很多方法保持青春，但我覺得更重要的是要知道另一半喜歡什麼？能給他需要的東西。我結婚超過15年了！」（劉先生）

「我不喜歡用保鮮的字眼。和先生結婚26年。我喜歡感情穩定，偶爾製造浪漫當然不錯，但那該是自然的，不是像交作業。我不認同只有太太要取悅先生，應該是要互相，男人也要想辦法製造驚喜。經濟穩定、有共同的話題、願意把心事告訴對方，是婚姻關係好的祕訣。」（翁小姐）

「個人應該先思考到底自己對愛情的定義是什麼？是在一起就好，還是要有砰然心動的感覺？若要維持長久，一開始選的人就該是對的人，選可以對應到你心裡的那個人，可以源源不絕的散發一種你要的東西。認識自己，並且堅持選擇本質上的喜愛，才會有砰然心動的愛情。」（葉小姐）

大部分的人還是相信，愛情值得用心經營，長久的關係仍然可以很有感覺。這正是一個基本的、必要的態度，如果不相信愛情需要照顧，就不可能學會如何去照顧。

維繫感情的正向原則

1 活潑的創造力：

跟一個人朝夕相處多年，如何不生膩？這個問題的奧妙之處，在於主體，這「一個人」。一個人的生命如果具有創造力，每天都會有新鮮事，不像同一個杯子、同一件衣服，一成不變。我們如果真的每天用同一個杯子、穿同一件衣服，當然會感覺麻痺，因為物品不會成長、不會變化。然而，如果是一個每天充實自己、經常攝取新的想法、嘗試新鮮趣味的人，不要說每天，其實每一分鐘都有新的元素被創造發生！與這樣的人相處，就像每天都有一位小小翻新、但也延續著昨日基礎的伴侶。如果雙方能夠分享每天的新事物，伴侶關係將是活潑動人的，相處時間愈長，共同累積的經歷也就愈加厚實精彩。

相反的，如果缺乏成長動力，真的每天都是完全不變的「同一個人」，那麼相處時間愈久，難免感覺到空虛、重覆與死寂。

個人的成長是經營創造力關係所不可或缺的。如果伴侶能一起學習某些事物，也會很有幫助！

我曾在電視節目中舉了一個例子，關係就像一本書，吸引人繼續看下去的原因，一是閱讀至此的過程讓人覺得有意思，二是不確定結局。節目上，大家笑談，如果在脫掉情人衣服之前，就完全知道她下一步會如何反應，例如，接著自己脫裙子，然後每一步驟都可以預期，那不就像只有一套程式的機器人嗎？比起交往初期，那種不太確定「解開第一顆鈕扣之後，是會被打一巴掌，還是有機會順勢而下？」的焦慮與興奮，對只有一套程式的機器人，我們能有多少熱情呢？

當時，參與節目的一位男性來賓幽默地說：「難道我們結婚十年的，還不能確定脫老婆上衣會不會被她打？」

這當然是太誇張了，不過，仔細想想，當您完全可以、百分之百精準預測老婆接下來的反應，而那反應總是「小心我衣服勾紗！」或者「啊！頭髮！頭髮啦！」，是不是很難有熱情了呢？

2 回應的熱忱：

試著回想，剛開始跟一個人感覺甜蜜曖昧的時候，是什麼滋味？

那是，一方拋出某個訊號，另一方立刻用心接住，揣摩再三後，用一種想搏得好感的方式拋回來，如此有去有回、往復無間的，遊戲般的快樂。

然而，婚姻生活過久了之後，許多人注重的是本份和細節，生活中所有的事情都照顧得很好，但卻無暇玩拋接遊戲。例如，全心投入工作的丈夫或妻子，當然是為了兩個人共同的生活而努力，但如果疏忽了互動，另一方只會認為「你做這些又不是特別為了我」。如此，伴侶之間的熱情會逐漸冷卻。雖然看起來像是模範父母或模範夫妻，如果沒有回應彼此的熱忱，沒有「我可以影響你」的感覺，原有的情感鏈結就容易鬆弛。

週末時，一起出門的夫妻，帶著孩子和老人家，夫妻的確分工合力地打點著各種細節，例如亂跑的孩子，掉落的東西等，但卻少有直接打點彼此的表現。先生在前面走著，妻子牽著小孩在後面，先生一路都在觀察四周的車子、馬路、別的小孩、狗狗等，不斷地提醒：「小心！小心！」，一路上只聽見他跟老婆說「小心」。不時，小孩發現一朵可愛的花兒或是小動物，太太就喊老公一起來看，可是先生的反應卻是：「快點！要紅燈了！」或是「車子快來了！」

這樣久了，妻子雖然深知先生很負責、可靠、愛家，但彼此之間失去了互動焦點的接觸，激情或熱情慢慢淡化，不知何時便消失了。

每個人對於如何愛人，都有自己的習慣性，需要自我覺察。在我們的文化中，多數女性從小被灌輸的愛家方式，是準備三餐、注意家人的衛生、營養，幫老公燙衣服、搭配領帶、幫他弄得很整齊，照顧老人……等等，可是當老公想聊一句當天看到的新聞時，太太可能更在意：「菜冷了不好吃，快點吃飯！」不消幾次，老公就不再嘗試分享他的見聞了。

能夠產生熱情火花的互動，是沒有固定章法的。任何貼心的舉動，諸如每天送早餐、接送上下班、生日送花送禮……，一旦變成公式，就會失去激發感覺的強度。

熱情是「隨時注意著你的訊號」，願意不嫌麻煩地滿足彼此。

關於中年▼分歧，或是一起成長？

自我成長往往不是突然的改變，而是點滴累積的，如果一再疏忽伴侶間的觀察與追隨，漸行漸遠，差距愈來愈大，形成鴻溝裂隙！

跟上另一半的腳步

當伴侶雙方都到達中年，四十、五十歲的階段，事業、生活習慣、思考模式、人生方向與成熟度，都漸趨穩定。此時自然會重新檢視關係。不少人赫然發現，「我現在要的東西，另一半並不具備！」，或者，驚覺彼此的目標分歧、價值觀不同、以前需要另一半的原因不復存在……等，因此進入婚姻的考驗期。例如，妻子到了中年，突然覺得她只想要一個會陪她散步的男人，但她的丈夫鎮日埋首工作，以前她因為先生的成就與收入而滿足，現在卻覺得這些一點都不稀奇。

遇到考驗，伴侶必須一起成長調適。若有一方想改變，另外一方抗拒或跟不上，心靈的距離就會拉大。我們必須謹記：**伴侶是一個活生生的人，每天與環境的各種刺激互動，每天都可能有所轉變**，因此不該一味依恃過去的瞭解和反應模式，不該預設「你以前都希望這樣，以後一定也是」。

我們必須隨時將對方視為一個全新的人，用心觀察。每天都要想想：「今天這個人醒來會不會有新的想法？」時常重新訪談伴侶，瞭解他的喜好是否有所改變，個性是否有所轉化。這是很多夫妻容易忽略的地方。自我成長往往不是突然的改變，而是點滴累積的，如果一再疏忽伴侶間的觀察與追隨，漸行漸遠，差距愈來愈大，形成鴻溝裂隙，終有一天會發現再也不可能同步了！

另外一個常見的困擾是，與伴侶之間要能「既往不咎」！

某太太說，自己原本是浪漫細膩的人，婚後為了配合先生，不得不變成一個務實的人。過了十幾年，有天先生竟然說：「妳很無趣！我們的生活不夠浪漫！」。

太太大受衝擊，也非常憤怒：「我早說過浪漫很重要，是你說浪漫不切實際，要我專注在家務和孩子身上。現在我要去哪裡找浪漫給你？」

此時，如果固執記恨，因為過去對方不滿足自己的期望，現在也不肯滿足對方的期望，婚姻就出現危機了。惟有既往不咎，面對當下的問題，一起調整，才能走得長久。若是伴侶一方處於中年危機和焦慮，突發奇想，要嘗試新事物時，另一半也不需要太抗拒，與其阻止對方，不如試著一起探索，或許自己也會開發出新的興趣。

別把自己的任務丟給對方

人生的中年階段，需要面對許多跟從前不同的任務，諸如事業的瓶頸、個人成就的焦慮、成長期孩子帶來的挑戰、還有父母年邁體衰而衍生的照顧責任。

當伴侶其中一方的生活任務增加，家庭責任的分配也隨之受到挑戰。無法覺察自我需求的人，經常直接把任務轉移到伴侶身上。為了維護自己的時間精力，或是因為處理不了，就把責任丟給另一半，代替自己解決麻煩。有時另一半也順從地把一切扛下來，表面上沒有問題，但一而再，再而三如此，伴侶總有一天會因積怨而反彈。

原本有著愉快生活模式的夫妻，邁入中年時，發現長輩身體開始出現狀況，身為兒子的先生，警覺到應該多陪陪爸媽，但他年少時就離家，跟父母相處時總不知該聊些甚麼。於是，每個週末，他都要求太太跟自己帶著孩子去拜訪父母，期望以天倫之樂回饋父母，才能心安無愧。

但是，這對於妻子卻是一大考驗。早已習慣不常回婆家的婚姻生活，為什麼要在邁入中年時改變？辛苦了大半輩子，此時更想為自己而活！況且，妻子心裡也正為了無法多陪伴自己的父母而焦慮，更無法泰然地把時間花在公婆家中。

許多夫妻會在這個階段發生嚴重的衝突。伴侶之間的互助奠基於互信，進入中年的先生希望多陪爸媽，此時期的太太卻更重視自主時間與空間，雙方務必瞭解對方的焦慮，別把自己的需求套在對方身上。需要經過開誠佈公的討論，找出互相配合的方法。

例如，把時間安排的順位列張表，包括工作、父母、休閒、親子、夫妻等需求。兩人一起回顧，目前的順位跟過去有什麼差別？新的需求是如何產生的？是不是都能同意、接納這些需求，願意幫助彼此達成？在衝突的事項上，以請求幫忙的態度，誠懇地拜託伴侶，而不是強硬地要求對方按照自己的順位做事。如果伴侶願意幫忙，自己應該主動提供在其他事項上的回饋，尋找讓雙方都感覺被尊重的合作途徑。

合作重要，還是公平重要？

夫妻一同經營家庭，瑣事多得無法細數。需不需要講究公平？

例如，每天都要洗的碗，怎樣分配才算「公平」？

「在廚房牆上貼一張統計表，碗、奶瓶、馬克杯、大盤小盤分類好，統統打在表上，規定夫妻輪流，每天要洗幾個碗盤，這樣一定公平了吧？」

「不！碗可能一天比較不油、另一天比較油；大人吃的碗盤比較油，小孩的比較不油……光計算數量可能不夠公平。」

如果用這種態度檢視，親密生活的伴侶之間，絕對不可能有公平的。

什麼是公平？平行線最公平了——凡事都計算到公平的伴侶關係，可能也意味著沒有交集。太講究公平的夫妻，若不是衝突很多、摩擦怨恨很多，就是不親近、相敬如「冰」，只有這樣才能避免糾紛。

既然生活要緊密攪和在一起，沒有絕對的公平。能夠感覺公平又能維持良好關係的伴侶，對於公平一定會有一套妥協的智慧，不會是死板的，而是有彈性的原則。

先生是空中飛人，到處出差，一直在面對時差問題與工作壓力；太太一個人在家裡照顧兩個小小孩，疲憊不堪。

老公覺得自己出差真累，老婆覺得照顧小孩最累，兩個人都很累，這樣不是很公平嗎？但雙方都認為不公平！

這對夫妻的困難是，沒有辦法體會對方的那種疲累，而且兩人都不喜歡自己的任務角色。出差的人不喜歡出差，照顧小孩的人不喜歡照顧小孩。這時候就該回過頭來，給自己、也給對方一個機會，夫妻重新討論：

其實我沒有那麼喜歡照顧小孩，其實我討厭出差……思考如何改造這種兩個人都不滿意的人生。就算無法立刻改變，也可以擬定一個計畫，預計在數年內慢慢調整。

可以嘗試的方法諸如，要是太太覺得帶小孩壓力大，先生可以提供費用，幫忙安排保母，讓太太去做一點兼職的工作，或等小孩上幼稚園後，太太也進入職場。既然太太也有工作收入，先生就可以少出差，有較多時間在家裡陪伴小孩。有機會的話，下一階段，兩人交換角色，太太多工作、先生多照顧孩子，彼此都能換換滋味。

但是，深入討論下去，可能會發現，這樣做的話，先生就沒辦法升官，收入會變少，我們可以接受嗎？太太可能認為：「不行，我薪水沒有你賺得多。」先生也同意：「我們還是維持現在的局面比較理想。」

經過討論後，夫妻也許會重新分工，或者維持原狀，但經過開放討論之後，感覺將是不同的，彼此都會比較踏實。

另一種挑戰是，夫妻意見方向不一。太太如果堅持不要在家帶小孩，打定主意非上班不可，誰能阻止呢？除非太太找不到任何工作。最壞的狀況是，先生完全不能接受，不惜撕裂關係。

這時候，雙方都需要思考，在自己的理想與對方的期望之間，該如何取捨？伴侶們往往期待著：「我不要他（她）對我不滿，但我也不要放棄自己的目標」。也就是「我要做你不喜歡的事，但你不能對我不高興」。這是非常孩子氣的期待，等同於要求另一半完全配合自己。伴侶與個人生活的差別就在於妥協，需要不斷地妥協，才能在一起。

以下是幾則有趣的例子，乍看之下可能覺得荒謬，但其實我們在生活中常常不知不覺地持有這種「公平心態」！

一位丈夫跟太太計較：「為什麼我們花那麼多時間照顧岳父母，卻沒有用一樣多的時間照顧我爸媽？不公平！」其實，這對夫妻的公公婆婆，身體非常硬朗，自己過得很好，不需要特別照顧，目前需要特別費心的，只有一對老人家。總共的負擔就是這樣，夫妻合作把這個負擔扛起，才是應有的態度。難道要把公婆也變成每週需要上醫院，才覺得公平嗎？

有個家庭，小孩每晚都聽媽媽講睡前故事，聽得好好的，但媽媽開始覺得不公平，為什麼都是我在講故事？她就非要爸爸也來講故事不可，不顧先生每天早上六點要起床上班。

這種公平的計較，已經到了死板的地步。夫妻間的平等或平權，都不該是如此。僵化的、字面上的公平是婚姻的殺手，夫妻需要不斷磨合，人與人之間若死板地要求公平，絕對不會好過的。**夫妻是一個團隊，需要自我理解與彼此理解，然後兩人合作，把該做的事情妥善完成。**

在學習銀飾製作的過程中，我得到一個小小體悟。

想把金屬片或礦石黏在一起，應該怎麼做？

有經驗的師傅說：「若是直接把兩個平面接合，通常是黏不牢的，容易在受力時就分開掉下來，所以得先把一些地方鑿凹、另外一些加凸，凹跟凸卡在一起，才會緊緊結合。」

兩個東西一模一樣，是黏不牢的，這是每個人都懂的簡單道理。

婚姻裡的公平，不也是如此嗎？

合作和公平，哪一個才是我們在伴侶關係中真正的目標呢？

（原載於親子天下雜誌46期）

安慰話語勝過嘮叨意見

這是不是個熟悉的場景——

太太回到家，對先生說，今天工作不順。先生一開口，就說太太一定是這裡那裡不對、應該這樣那樣做才對……，然後，太太就不高興了。

開口分享心情的人，希望聽到的是肯定與支持，當先生開始給意見，太太覺得好厭煩，心想「這個男人實在愛說教！」或者，「他根本不瞭解情況！」聽見妻子工作上受到挫折，就急忙提供建議的先生，應該是關心妻子的，不然何必說那麼多話呢？可惜太快給的建議，往往會讓人聽成批評而不是支持。

為什麼明明很想幫助妻子，卻說不出能讓她破涕為笑的話語？

由於文化中的性別刻板印象，男性比較不容易覺察自己的挫折感。其實，當妻子情緒低落，受到挫折時，丈夫多半也會感到挫折，因為親密伴侶之間的感覺是會流動分享的。無意識地，丈夫會希望能盡快排除挫折感，讓妻子回到正常狀態，身不由己地說出一大堆意見，無非是為了要快速解決問題。

如果妻子能瞭解這種微妙的心理，也不至於對丈夫的話生氣了。

為了改善這種溝通模式，妻子不妨聽完丈夫的意見，再告訴他，他的方法很好，下次會試試看。但也誠懇地表達：「除了方法之外，我可不可以知道，在你心目中，我是不是很笨？很沒用？我需要一些鼓勵！」

明白的表達，坦誠的邀請，可以引導伴侶瞭解自己的需求，因而有效地提供幫助。漸漸地，夫妻可以嘗試更深層的協同覺察，例如，妻子發現丈夫聽完自己抱怨工作之後，情緒也變壞了，可以對丈夫表達關心：「我發現我們剛才的對話中，我的不愉快好像影響到你了？你也變得不開心，是嗎？」

當妻子詢問丈夫：「我剛剛講話的樣子是不是很不耐煩？」先生才有機會說出：「對！妳的臉真的好臭，好嚇人！」

在意著、愛著的人，往往會在另一半受到挫折時，感覺像是自己受到挫折一樣，因此產生強烈的負面反應。當伴侶雙方意識到「我們的情緒會互相感染」時，可以省卻許多溝通上的誤解。

夫妻之間，也可以發展出某些「暗號」，做為一種溝通的工具，例如，夫妻約定好，當一方說出「我沒有問你意見喔！」，就是在提醒另一半，請多說鼓勵的話，不需要那麼辛苦地、吃力不討好地提供意見！

男性常覺得能給意見，才是有用的愛。我聽過許多男士說，他們認為像連續劇裡那種「摸摸老婆的頭」、「親親她」、「哄哄她」，而不出手去解決問題，哪裡像個男人！然而，現代女性愈來愈有自主能力，她要的正是丈夫摸摸頭、親親臉頰，而不見得需要男人來否定她的腦袋，替她決定對錯方法。只要心情好了，她就能自己想出方法來。

（原載於親子天下雜誌37期）

親密關係的三大要素

1 親密感：知心、理解、默契，在生活步調上緊密配合。
2 熱情：身體、心靈、性的熱情，強烈地渴望融合。
3 承諾與投入：對於關係的認同，願意投注心力的決定。

資深伴侶▼「還想要」或是「受夠了」？

許多人要求保有和堅持的東西，並不是為了服務真正的自我，反而是因為沒有勇氣解決自我的問題，才那樣拼命堅持著。

親密關係中的自我——面對深層恐懼

親密關係中，可以堅持自我到甚麼程度？

太太堅持要看先生的電子郵件，想知道他所有跟人談話的內容。

先生嗤之以鼻：「我不能保有一點自我嗎？」

太太說：「如果你沒有要外遇，為什麼不能給我看？」

先生說：「我沒有要外遇，但就是不想給你看。人不能有隱私嗎？」

兩人為此爭執不休。先生愈堅持設限，太太愈想要侵入這條防線。

他們認為，這是婚姻與自我的衝突。

「兩人都要堅持自我，當然會起衝突，只能看誰配合誰」，如果只是抱持這種無奈的觀念，對於內在動力不求甚解，誰願意老是配合另一半？那，問題不就無解了嗎？

「自我」，是個人內在的，真實、統合的需求與感覺——我要什麼、感覺什麼、喜歡什麼、認為什麼是對錯是非，如此的主觀意識。自我是一個人活得有意義的根本，在親密關係中，當然要保有自我。當了父母也需要有自我。沒有自我的人，不可能與人真正地相處。

伴侶間談到自我或自由的問題時，經常發生混淆與誤解。**許多人要求保有和堅持的東西，並不是為了服務真正的自我，反而是因為沒有勇氣解決自我的問題，才那樣拼命堅持著。**

在個人能夠掌握自我之前，需要經過大量的內在開發、修練、調整與探索。靈性開啟、精神分析、自我的整合，動輒都是十多年的自我工作。我們所想所要的，不一定都出於真正的自我，有時是出於對於某些恐懼的防衛，是扭曲的自我。

這對夫妻在隱私的問題上無法妥協，表面上是個人觀念的差異，但深層心理上，問題源自雙方的成長過程，他們內心都有無法處理的恐懼，他們堅持的做法不同，但目的卻是一樣的——我不要落入以往的恐懼！

甚麼樣的恐懼？在丈夫這邊，他有一位過度介入的母親，經常不敲門就進孩子房間，隨意開抽屜、翻書包、檢查他有無行為偏差的跡象。幾次他把餐費省下來買小玩具，被媽媽查到，不分青紅皂白就對全家人說他一定是偷了錢，完全不聽他解釋。考上大學後，他搬出家裡，渴望擁有自己的空間。結婚之後，當太太要求進入他的私密領域，他立刻體驗到「媽媽又來了」的反感，他強硬地對妻子說：「我痛恨不受尊重的感覺。這就是我，不喜歡就分開。」

不巧，妻子這邊，她自小看著媽媽哭哭啼啼，抱怨爸爸的外遇，從她還是個小女孩時，媽媽就不斷灌輸她該如何捍衛婚姻：「男人絕對要查得緊，妳一鬆懈，他們就會搞鬼。」每次看到先生在電腦前面點來點去，她便無意識地聯想起爸爸外遇時，媽媽驚弓之鳥般的恐懼。「你有自我，我也有自我。我一定要能看你的信件，這就是我，不要就分開。」

他們需要從一個客觀的角度，重新認識自我的需求和發展的潛力。

夫妻雙方呈現的都是受傷的自我。男方的成長過程，過度被母親介入，無法舒適地發展自主性，他在這個地方受傷，心態上一直停滯在青少年般的抗拒階段。抱著受傷的記憶與壓抑的憤怒，他用大幅度相反的方式，以為惟有堅持自己的界線，才能保有自主權。然而，他更抗拒、更憤怒的，是對方（以前是母親，現在是妻子）的不信任，「妳為什麼不相信我？妳為什麼總覺得我很壞，會犯錯？」。

除非能面對過去的傷害，他無法真正地克服問題——他需要學習如何獲得對方的信任，讓人覺得不需要查探，而不是強硬地關門、示威，這樣只會讓妻子因為被拒絕的焦慮而更堅持闖入。

我邀請這位先生重新瞭解自己：「你確定你的自我不喜歡被信任，只是想關門嗎？你不希望跟太太很親密，太太因為很信任你，而更加的愛你嗎？」

其實，他很想如此。但他以為，只要開門就不會被尊重，卻沒想到世界上有一種更好的超越方式是「如何適度的開門」，甚至如何經由獲得信任，而不再隨時被闖入。這是他無法想像的，他只想防衛，他所堅持的自我是受傷的防衛。他的本性仍然是渴望親密的，但成長過程中的傷害迫使他拉上防線。

這位太太想掌控的，也是個受傷的自我。其實她本性隨和，從小很樂天，之所以變成過度懷疑害怕，是從媽媽的憂鬱開始。自從爸爸外遇，媽媽一直恐嚇她「男人都是壞東西」，她才開始變得神經兮兮，但她真正的自我是那個無憂無慮的小女孩。一進入婚姻，恐懼的魔咒就活化了。

經由協助，他們逐漸了解對自我的迷惑，其實雙方都希望自己的恐懼能被另一半理解並呵護。對先生而言，他可以用很多的溝通、行為表示，適度地讓太太安心；太太若能安心，願意把電子郵件的隱私當做一種尊重送給先生，她也可以放下過度的掛慮，專注於發展自己的生活和樂趣。

一段時間之後，太太不再讓先生感覺像是「母親再現」了。他們戲謔地揶揄彼此。先生問太太：「妳活動那麼多，要不要偶爾看看我的郵件和臉書，萬一有人愛我怎麼辦？」

太太說：「嗄？你這德行，只有我愛你啦。你最好懂得珍惜！」

戀愛般的狀態，先生感覺太太並沒有要掌控、侵略他，就不會把對母親的憤怒投射到太太身上，也不需要躲著她。而做妻子的，除非感覺先生老躲著她，又何必咄咄逼人？

這才是符合他們本性的相處，也由於彼此的合作，他們逐漸走出陰影，接觸健康的自我。

（原載於親子天下雜誌39期）

當伴侶都能貼近真正的自我時，相處並不困難，扭曲而乖張的防禦，原是為了避免災難，但卻會引起更糟的災難。

真心話或傷心話

許多夫妻要求彼此坦誠，原則上這是好事，但不能不區隔「真心話」和「會傷人的話」。當真話失去體貼，變成不管對方感覺的任性表達時，就不是真心話，而是傷心話了。

我必須強調，這跟「有外遇卻不承認，是為了避免傷害伴侶」這種缺乏誠意的藉口，是完全不同的事情。

我們指的是，例如先生對太太說：「我覺得妳很不會搭配衣服！」在他沒有說出這句話之前，太太每天都高高興興的打扮，照了鏡子就出門了，可是他偏偏要說這句話，這種坦白，對於關係有甚麼好處呢？這並不是像外遇之類，需要坦白才能真正處理的重大事件。

「我喜歡說真話，我不喜歡夫妻之間不坦白。」

這樣說的人，或許可以試著自我覺察，內心是否有某種對伴侶的攻擊性？如何形成的？

某妻子，一直覺得先生不夠疼她、不夠替她著想。有一天，和先生一起參加應酬後，她對先生說：「你有沒有發現，今晚那一桌所有的男人之中，你最矮？那一桌的男同事都好高喔！」

試問，「坦白」這種事是為了甚麼？如此的「真話」，唯一的效果是攻擊另一半，或許妻子無意識地在反擊先生平日對她的奚落。

一位先生，性情老實，經常吃虧。同樣是應酬場合，太太注意到，公司同事如何把棘手業務推給他。回家之後，她對先生說：「你知道嗎？我喜歡你，就是因為你心地很好。可是我今天發現，你的同事因為你心地好，把困難丟給你，我替你心疼，你會不會太累？」

真心話，能像這樣多少修飾一下，顧慮著對方感受而說的，比較可能讓人接受，比較可能有建設性。

開口對伴侶說話之前，試著先自問：「為什麼要說這個？說了之後，會引起什麼樣的後續效應？」

有些話是為了增進瞭解、改善問題而說，可以將關係往好的方向推

進。有些話，指涉的是根本不可能改變的事，想說這種話之前，不妨自問：「為什麼現在想挑起這話題？明知這件事目前是無法改變的？」

通常，想說這些話，是因為心中潛藏的、對於關係的不滿與情緒，已經快要達到容量的極限了！好好釐清這些情緒，才能找出更應該說的、對方聽得進去的、能夠改善問題的，建設性的真心話！

清理堵塞溝通的怨懟

關係當中潛藏的不滿與情緒，如果不經覺察、不加清理，便會日漸堵塞伴侶之間良性的交流。

婚姻課程中，許多人問：「我的另一半，為什麼都不想跟我溝通？跟別人滔滔不絕，對我卻像個悶葫蘆。」

以下三種積習，容易將伴侶變成拒絕開口的悶葫蘆：

一、每次伴侶開始分享某件事或某種感受，另一方就立刻加以評論：

「跟他說話，總是一開口就踢到鐵板，踢過幾次，就再也不願分享了。」

丈夫眉頭深鎖，對太太提起：「我弟弟最近的投資好像不太順利，大概不久就會負債了。」

太太立刻說：「你該不會想要借錢給你弟弟吧？你叫他去跟弟媳婦娘家借啊！她娘家不是很有錢嗎？」

這樣一說，先生以後多半不願意再提起弟弟投資的事了。

其實，先生心裡或許也擔憂著：「弟弟如果投資失敗，我身為哥哥，能不借嗎？該怎麼辦呢？」這時，他也有一樣的焦慮，但妻子的反應太激進，一下就跳到先生思慮的前端。這讓丈夫失去思考的空間，為了避免還沒準備好的思慮受到挑戰，下次這類的事情，在他決定如何處理之前，是不會願意開口的。

二、無法承載伴侶的負面情緒，對方稍有情緒，就反應過度：

「每次只要我顯露一點壓力或負面情緒，另一半就跟著拋出反彈的壓力和情緒，完全無法作為情緒上的陪伴，如此，我乾脆都自己消化好了。分享只會招來更多麻煩！」

某天，太太回家說：「我覺得最近情緒低落，做事都提不起勁。參加同學會，看我同學都過得光鮮亮麗，學跳舞、唱歌、做手工藝，我覺得我們的生活好像沒有人家的有趣，小孩好像也沒人家的聰明。」

先生立刻回答：「不然要怎麼辦？我們的收入就沒辦法過那種生活，那我每天做那麼辛苦，是為了什麼？永遠賺不到妳理想的標準，我覺得很沒意思！不然妳要怎麼辦？」

聽的人比表達心情的人先崩潰，完全沒有辦法分享對方的低潮。誰還敢說真心話呢？

三、關係存有積怨，只要一方打開話題，另一方就找機會算舊帳，反脣相譏。

妻子說：「我們可不可以不要每個星期天都待在家裡？」

丈夫馬上高聲說：「上次帶妳去海邊，妳嫌太熱，結果大吵一架。孩子吃了海鮮又拉肚子，是妳自己說不要去不熟的地方吃東西，妳有時要待在家裡，現在又想去外面，誰有辦法滿足妳？永遠都是我不對！」

如果伴侶的憤怒「滿」到這種程度，碰一下就爆發，真的需要仔細檢查，好好清理。否則關係中的修正功能將完全停擺，累積更多的憤怒，下一次爆發的破壞力只會更加強大。

（原載於親子天下雜誌43期）

承認自己的需求——感恩對方的協助

害怕溝通的伴侶們，認為溝通就像吵架的地雷，「說錯話」就是引爆的瞬間。除了打情罵俏，最好不要認真談事情比較安全。

若是長久如此，兩個人很快就會貌合神離了。我們需要瞭解溝通導致吵架的原委，開口「說對話」，不再害怕吵架。

常見的第一種吵架原因，是：「我要某種東西，你不給我，所以我跟你吵，希望能拿到我要的東西」。

第二是反過來：「我不想給你某種東西，但你一直要，所以我跟你吵，希望你卻步，停止要求我」

第三種則是：「我們都想要某種東西，因此爭執著，看誰可以得到」。

這三種吵架，需要不同的處理智慧。

如果是第一種，第一個層次需要如此溝通：**正確地陳述「我想要某種東西，如果可以得到，我願意給你回饋」**。

例如，希望伴侶可以坐下來陪我聊天，可是對方卻一直在電腦上忙碌。我可以說：「有一件事很困擾，想跟你聊一聊，因為我相信你最瞭解我，能給我意見。」或者，「只要跟你聊聊，我就會覺得好過。請你給我一點時間，不一定要現在，你可以告訴我什麼時候有空，這樣我也不會一直等，或一直打擾你。」

通常這樣明確的表達，對方比較願意回答他現在正在忙什麼，要過多久才可以聊，或約另一個時間聊。**有正確的起頭，溝通就不容易演變為吵架，不幸的是，大部分的人都不這樣說話！**

想聊天而另一半拼命打電腦時，人們通常劈頭就說：「現在幾點了還在網路上！」或說「電腦有那麼好玩嗎！」因此對方的感覺是，你憑什麼管我用電腦，他一定要防衛，並用各種方式提醒你沒有權力管他，為了抗議，甚至可以不說話。與要求陪伴這一方的期待完全背道而馳，因此多半會開始吵架，讓人更想攻擊、指責他手上在做的事。

這一類溝通，最需要的是清楚陳述自己的需求，承認是自己在請求

對方協助，表達感謝與願意回饋的心態。一般感情沒有嚴重問題的伴侶，只要知道這點，就會願意提供滿足，但最令人討厭的，是不承認自己的需求，讓人忍不住想著：「要求東西，不說請就算了，一副理所當然的樣子，還要指責我！為什麼我要滿足他（她）？」

第二種情況，如果真的不願意配合對方的要求，怎麼辦？

有人在被要求東西的時候會有罪惡感，預設「一定是我給的不夠，他（她）才會一直要」，因此，伴侶一提出要求，例如要陪伴、說愛或送禮物等等，就會引起這方的反感：「我永遠餵不飽你（妳）！是不是我不夠好？」

有這種情緒時，可以試著表達：「**你的不開心，是因為我哪裡做得不夠嗎？**」當對方用抱怨的方式需索，可以冷靜地回應：「我以前沒想到這些對你如此重要，不是不想滿足你」，對於無法配合的部分，好好說明原因。讓伴侶知道「我很想讓你開心，但如果你堅持用這種方式，對我來說比較困難」，並主動提供替代方案。

一般人感覺自己被伴侶抱怨時，會更加逃避，或是反擊，例如：「我沒空！真的很忙，忙到頭都痛了！」似乎要對方知道，世界上不是只有她（他）很可憐，以及「我都沒有要求你，你憑甚麼要求我」，如此，對方感覺所提出的要求被駁回、被否定了，結果只好用更強烈、更可怕的方式繼續要求，諸如提高聲量、使用刻薄的語詞、誇大表現情緒的痛苦……試圖攻破伴侶的防線。

比方，本來只是肚子有點痛，想撒嬌要個擁抱，被伴侶嚴詞拒絕之後，變成抱著肚子一定要送急診。本來只是有點不開心，想要句好話，被伴侶羞辱之後，就不得不砸杯摔碗了。

至於第三種情況，兩人爭奪某種決定權或某種豁免權，也是常見的吵架開端。例如，誰決定下一個房子買在哪裡、孩子念哪個學校、家裡某筆錢怎麼投資。而豁免權如，兩人都不想去跟婆婆解釋為什麼要搬出來住。小孩在學校闖禍，沒有人想去跟老師見面……等。

兩人爭執同一件事時，不得不認真面對「我們有一個必須分攤的責任」，誰攤多、誰攤少不是那麼重要，需要理解的是，各自懼怕的是什麼？如果兩個都怕同樣的事，那麼不妨沙盤推演，看看誰來做，傷害會少一點，雙方同意推派較為擅長的一個去處理問題，同時，另一方必須承認自己虧欠了一次，下次要還！

失敗的溝通幾乎都有一個特點，就是無法承認自己有需求，不認為是自己在請求協助，也不願感恩、回饋，而是找各種藉口，好像對方本來就應該做某些事。

有效的溝通，首重誠懇，誠實面對自己的需求，知道我正在要求對方滿足我，而不要試圖用「大道理」逼迫對方就範。

許多人無法承認自己有需求，是源於過去被拒絕、被忽略的創傷，深信自己不會被重視，提出要求一定會被拒絕。其實，當我們誠懇拜託伴侶做些甚麼，同時表達感激，不要牽扯一堆藉口時，一般人都會盡力而為的。

如果雙方都努力在關係中培養這樣的信任感，互相滿足的正向經驗就會愈來愈多。

當另一半對我說，「拜託妳做紅燒肉給我吃好嗎？我明天買禮物送妳！」我不管多累，一定會傾全力去做。

但如果聽到的是「妳像個老婆嗎？多久沒做飯了？」我想我應該會繼續遠離廚房三個月，等到氣消再說。

您是不是也如此呢？

He Wishes for the Cloths of Heaven

W. B. Yeats

Had I the heavens' embroidered cloths,
Enwrought with golden and silver light,
The blue and the dim and the dark cloths
Of night and light and the half-light,
I would spread the cloths under your feet:
But I, being poor, have only my dreams;
I have spread my dreams under your feet;
Tread softly because you tread on my dreams.

他想要天國的綢緞

葉慈 著　陳黎・張芬齡 譯

假如我有天國的錦緞，
繡滿金光和銀光，
那用夜和光和微光
織就的藍和灰和黑色的錦緞，
我將把它們鋪在你腳下：
但我很窮，只有夢；
我把我的夢鋪在你腳下；
輕輕踩啊，因為你踩的是我的夢。

Chapter 4

婚姻不只是兩個人的事

婚姻不是許諾夢幻之地，而是真實的人生，
走入婚姻，還將伴隨得到其他身分，
在滿足與不滿足之間，有時是莫名的喜悅，
有時是難言的失望、挫折、憤怒……

剛剛好的婆家關係？

▼接納但不吸納

除非婚姻能進化為一種男女對等的關係，不然每個傳統節日都很危險，吵完清明馬上又有包粽子和吃月餅的問題了。

「春暖花開的四月，難得有幾天清明假期可以遊山玩水，卻被要求隨婆家去掃墓。敬祖當然是該有的心意，但為什麼要規定大家同一天去掃，不能各家挑自己方便的日子去嗎？我有去沒去真的差那麼多嗎？」

才忙完過年團聚的種種麻煩，接著又要掃墓，台灣習俗對夫妻關係的考驗還真不少，稍一不慎就可以吵上一架——

老婆：「你家事情真的很多耶！」

老公：「甚麼我家，我家不就是妳家嗎？」

老婆：「你家是我家嗎？那為什麼從來沒有人聽我的意見？」

老公：「……」（以眼神表示：不要鬧了！）」

老婆：「怎樣？覺得我無理取鬧嗎？要吵來吵啊……誰家沒有祖先？你掃過我爺爺的墓嗎？」

除非婚姻能進化為一種男女對等的關係，不然每個傳統節日都很危險，吵完清明馬上又有包粽子和吃月餅的問題了。然而，並不是所有的妻子都希望清靜，自絕於婆家的活動之外，這是一種很微妙的感覺：**希望被「接納」，被視為婆家的一份子，能夠常常被記得、被關心，但不希望被「吸納」，不希望被席捲到失去自我的程度**。

不論是公婆或兒媳，都常常感到困惑，很難找到居中恰好的平衡點。對於婆家的各種出席要求感到不滿的時候，除了努力溝通、漸進地磨合之外，想想另一種極端：如果是不受認可而被拒於門外的媳婦呢？這樣對照之下，或許能稍感寬慰？

「甚麼歪理啊？我不需要跟不被認可的媳婦比較吧，我才不需要他們的認可呢！」不想掃墓的女性朋友忿忿地說。

在多變無常的婚姻關係中，女人真的不需要婆家的支持與繫絆嗎？

婆家的支持

一位原本不參與婆家任何活動的女性，某年之後她心性大變，不僅常回婆家走動，逢年過節還積極地籌劃家族聚會。朋友們對她的轉變感到好奇，仔細探問之下，才知道那年她的先生發生一場外遇，在最慌亂無依的時候，她突然有個念頭，希望祈求祖先，保佑先生回到妻子和兒女身邊。可是，這個念頭一閃而過，她發現自己跟婆家實在太疏遠了，仔細回想，好像連祖先都沒拜過呢！

「當時我自己都覺得可笑，如果要祈求祖宗保佑，還得先自我介紹

呢！祂們知不知道有我這號媳婦啊？」她說。她不是個迷信的人，但這個瞬間的念頭反映了她內心渴望婆家親人的支持。

在那段過程中，公婆和小姑都非常關心她，也幫助她和先生溝通，外遇結束之後，這對夫妻經歷了辛苦的修復過程，她發現家人畢竟還是多比少好。

當然，如果這位女性的婆家對她沒有關心和支持，結果就會完全不同。「有事時，婆婆會站在妳這邊嗎？」

這或許是個無聊又軟弱的問題……，不過，很多人還是希望有肯定的答案吧？

幸福想一想

- 和婆家的往來頻繁嗎？最常進行甚麼樣的活動？
- 婆家的活動是否給你帶來困擾？曾和另一半溝通嗎？
- 想一件婆家支持你、讓你感動的事？

送禮也不討好▼婆媳永遠有心結？

或許婆婆的盛情和主導真的讓她很難受。而婆婆一定也覺得自己很冤枉，如果真要欺壓媳婦，送名牌包這方法未免太友善了吧！

朋友的聚會中，有位媳婦抱怨著，自己婚後盡心盡力地相大教子、侍奉公婆，但系出名門的婆婆始終瞧不起她的出身，讓她深感受傷，每次要跟婆婆出門就緊張得頻頻犯錯。大家一聽都紛紛表示同情，表示勢利的婆婆實在太可惡了！只有一個好奇的人問起細節：「妳從哪些地方感覺到婆婆看不起妳呢？」

媳婦說：「每次準備好要出門，婆婆就會從頭到腳打量我，指出我的穿搭有什麼問題，尤其是配件有沒有分量。」她舉起手邊的當季名牌包，再指指腕上的鑽錶說：「像這些都是我婆婆送我，堅持要我戴的。她很在意別人怎麼看她的媳婦。」

現場氣氛頓時變得詭譎，原本大表同情的人互相交換眼色，有人聳聳肩，有人扁扁嘴。沒有人繼續回應這個話題。當這位媳婦離席上洗手間時，話題又回到桌上了，「好想被婆婆看不起喔，也送我包包和鑽錶吧！」「好可憐的婆婆啊，送好東西還被嫌，不如捐給慈善機構還可以積德添壽。」

這位媳婦真的是存心炫耀嗎？或許婆婆的盛情和主導真的讓她很難受。而婆婆一定也覺得自己很冤枉，如果真要欺壓媳婦，送名牌包這方法未免太友善了吧！

理解人際關係的複雜面

人心是複雜的。我想起某位前輩告訴我的，她在心理領域教學的感想——有些事可以說，容易說，說了幾乎大家都會贊同（就是所謂「政治正確」的事），例如：關於做人，如果談寬宏大量、不記恨，追求真誠、不虛偽，堅持理想、不隨波逐流……等，比較不容易出錯。相較之下，人心的黑暗險惡、鬥爭中傷、如何自保、如何競爭……等問題，頂多能在職場議題中討論，如果放到日常生活、朋友甚至家庭的脈絡中，談這些東西一定是吃力不討好，因為人人都渴望真善美的世界。

其實這些不真不善不美的事，一直與真善美同時存在著。我倒是認為，真善美的正面原則，每個人都知悉，可是每個人都有過這樣的感嘆吧：「我當然喜歡誠懇、坦白、互助、分享、處處飄滿愛心的溫暖人生，可是別人不這樣對我啊！有人咬了我一口、捅了我一刀，我該繼續忍受嗎？」

在心理成長的歷程中，最需要探討和克服的，是人類內心原始的存在焦慮、對關係的恐懼，以及因為這些恐懼而衍生的誤解、攻擊、嫉妒與敵意。如果無法理解人際關係的複雜層面，光是想著對人好，不見得都有好結果。

如果這位婆婆能理解媳婦的自主性或是微妙的自卑感，如果這位媳婦能理解婆婆對於掌控的需求，或許她們能更省力地相處。

多元家庭觀念

▼台灣夫妻大不易

新人父母，心裡想的，掛在嘴邊的，是「娶媳婦」或「嫁女兒」，而不是「參加」或「出席」兒女的婚禮，好像父母才是婚姻的主事者。

兩人許諾終身，步上紅毯，浪漫情懷，憧憬著無論順境逆境，相知相守，一起面對人情冷暖。新人熱切地希望建立屬於自己的家庭，一個與伴侶育養守候的王國。

不過，從籌備婚禮開始，這樣的浪漫情懷，即使不是幻滅，也將一點一點地耗損。婚姻不是許諾夢幻之地，而是真實的人生。無論是在自己的生活中，或是參與另一半的生活，自我認同與角色都必須改變。不僅自己的渴望與期待變得複雜，也必須承載別人的渴望與期待。在滿足與不滿足之間，有時是莫名的喜悅，有時是難言的失望、挫折、甚至憤怒。

婚姻在本質上，並不只是兩人間的約定與承諾，而是一個受風俗倫理規範的社會制度。尤其，在我們的文化中，婚姻不只是伴侶關係，更是一種家族關係，一連串家族關係中的一環。不只是伴侶，不只是「丈夫」或「妻子」，走入婚姻，還將伴隨得到其他身分，必須扮演許多角色。而且，關於這些身分角色，輿論特別嘈雜，鄰居、親戚、甚至不認識的人，都常自以為有發言權，亟於表達意見與批評。

對女性而言，從婚禮那日起，一夕之間有了三個全新的家庭，「婆家」、「娘家」和「我們的小家庭」。除了要適應全新的婆家和自己的小家庭，婚姻也會改變個人與原生家庭的關係，一樣得重新調適。難怪有人說，一結婚，世界就大亂了！

大家庭與核心家庭的衝突與互補

現今台灣社會的家庭觀念，混雜著「大家庭」與「核心家庭」兩套不同的制度。隨著都會化與西化的發展趨勢，以夫妻為核心的小家庭，是多數人精神上與實際生活中主要的家庭概念。然而，重視孝道，重視長幼輩分的大家庭制度，依然深植於風俗與倫理中，深刻地影響夫妻的情感、道德與自我認同。我們經常從大家庭的角度，也就是從「婆家」與「娘家」的角度，來經營與評價婚姻，因此壓縮了「兩人世界」。就像新人費心籌劃婚禮，期待成為一生最珍貴的回憶，但他們的父母，心裡想的，掛在嘴邊的，卻是「娶媳婦」或「嫁女兒」，而不是「參加」或「出席」兒女的婚禮，好像父母才是婚姻的主事者。

兩種不同制度與價值觀的並存，讓台灣夫妻吃足苦頭，在婚姻家庭中非常容易感到角色衝突與錯亂。不過，兩者也有互補的作用，比如說，大家庭綿密的網絡，可以補足核心家庭的孤立脆弱，相對地，核心家庭的獨立自由，則能鬆動有時讓人窒息的大家庭桎梏。

每個人都具備在不同角色間游動的能力，如果能接受這仍是我們的社會常態，克服一開始就排斥大家庭關係的心結，開放嘗試各種不同的可能性，或許自己可以發揮更好的潛力！

婆媳關係的社會本質▼接受不完美評價

總之不管是在婆家，或是在自己家，一家團聚就會不知不覺照著傳統大家庭的規矩進行了。

「我跟我婆婆的個性完全不同，如果不是跟她兒子結婚，根本不可能跟她這種人相處！」

常聽朋友這樣抱怨。有些還具體指出她們不認同婆婆的地方，這樣那樣的家務方法已經落伍了、對待子女不公正、教養孫子觀念不對，甚至婆婆對待公公的態度，也讓媳婦覺得不以為然。

不過，抱怨一陣子，偶爾也會聽到：「我婆婆其實是個好人……」、「她本性善良……」、「她對子女真的很好」、「為家庭付出很多」等，似乎有些矛盾的評價，其實抱怨的朋友自己也有點迷惘。平心而論，大多數人的婆婆也就是一般個性的人，雖然因為

年齡差距而難免有些代溝，若是在其他情況下與之相處，比如職場、街坊，或者，如果婆婆不是婆婆，而是個娘家親戚，也許不會如此困難，至少不會是現在的形同陌路。一同生活或合作某些事情，也不必然有怨恨或衝突。只是，一旦做了婆媳，就只能是最糟的情況？

問題往往不在婆媳個性是否相配，而在婆媳這個對應關係的本質。

當婆婆是婆婆，媳婦是媳婦的時候，關係的本質就是傳統定義的。大家庭制度的規範與倫理，依然深植於集體與個人的意識及潛意識中。即使小家庭已經成為主要的家庭形態，兒女平時獨立生活或分居不同城市，但逢年過節家族團聚時，婆婆總會自然而然地開始扮演傳統婆婆的角色，媳婦也自動開啟標準媳婦模式。婆媳間的相處，像是一場演出或儀式，有著脫離現實的荒謬與無奈。

傳統婆媳關係的影響力

傳統的婆媳關係，有點類似師徒關係，更確切說，媳婦被期待為婆婆的繼承人，要被訓練成為家族下一代的主母。要被認為是好婆婆，除了關心照顧媳婦之外，還得以身教或言教，教會媳婦如何相夫教子和打理家務的各種經驗訣竅。相對地，所謂好媳婦，不只需要尊敬、孝順公婆，也被認為該像個學徒，熱切地跟隨婆婆學習，虛心接受她的批評和教導。

現代的媳婦，有幾人願意接受這種角色與期待？但是，儘管我們不想承接傳統，卻還是習慣按照傳統演出——每次進到公婆家，無法安心當客人，不由自主就跟著婆婆待在廚房忙碌，看起來好像很樂意地幫東幫西，一副熱切學習的模樣。當公婆到兒子媳婦家小住，或是吃頓晚餐，婆婆也不能安心當個客人，一刻也不得閒地跟進廚房，緊盯著媳婦一舉一動，隨時提供批評或意見，甚至直接接管廚房，讓媳婦只能在一邊當幫手，心裡疑惑著，這究竟是誰家啊！總之不管是在婆家，或是在自己家，一家團聚就會不知不覺照著傳統大家庭的規矩進行了。

傳統婆媳關係的影響力，總會凌駕個人意願的層次。如果想當一個不傳統的媳婦，或是不傳統的婆婆，必須克服很多週遭既存的成見。街坊鄰居怎麼想？公公、姑嫂、其他親戚家人怎麼想？另一半怎麼想？婆婆怎麼想？

不僅如此，最矛盾的恐怕是自己。

「我不想按照婆婆的方式生活！」

於是，朋友說，「不需要啊。做妳自己吧！」

從此，不聽婆婆的，甚至不去見婆婆。

沒想到這樣做了，卻還是不開心，媳婦很生氣：「我婆婆竟然比較喜愛大嫂！」

「咦！妳大嫂都聽婆婆的，妳不想聽婆婆的，結果婆婆喜愛大嫂，這，很合理吧？」

「亂講！這怎麼會合理。我心地比大嫂好，個性比大嫂好，能力也比她好，怎麼可以因為我不聽她的，就抹煞了我的位置！婆媳應該像母女一樣，無條件的愛才對！」

這不是我幻想出來的對話，而是聽過不只一位媳婦親口說過的。

既然不願意為傳統賣命，何苦又想得到傳統婆婆的認可？往往，媳婦不是不能自由，只是，追求自由，需要甘心放棄一些好處。看開了，不再期待被視為完美媳婦，才可能自在。奇妙的是，當媳婦不再計較婆婆的評價以後，婆媳相處通常會變得輕鬆，結果，婆婆反而覺得媳婦變好了……

媳婦對婆婆之愛的期待▼比您兒子還可愛

婆媳的關係從零開始，沒有溝通怎麼可能磨合？一方自以為是地做了些友善的表示，另一方收到的意思卻完全相反。

婆媳之間最大麻煩，是媳婦很容易感知來自婆婆的期待，覺得壓力很大，但卻不容易察覺自己對婆婆也有很多的期待與需求。

以前我常感到疑惑，為什麼有那麼多女性因為婆媳關係痛苦不堪，卻還是跟婆婆緊密互動著，不願割斷與婆婆的糾結？後來我漸漸懂了，許多媳婦希望被婆婆肯定，心裡存有一個很嚴厲的聲音，認為如果不能達到別人的期望，就不會被愛。就像女孩們小時候經常受到大人的暗示，必須表現得好、討大人歡心，才能獲得稱讚與喜愛。

當女孩子披上嫁紗，開始接觸婆婆的時候，心裡非常期待但也非常害怕受傷害。隻身踏進一個家庭，媳婦不知不覺地把自己對於母性、對於媽媽的複雜情感，套用在婆婆身上。但婆婆很可能完全不符合期待，畢竟婚前女人只挑過老公，並沒有挑婆婆！

由於過去社會的性別歧視，至今仍有許多年輕女性不曾感覺充分被愛。原生家庭重男輕女的，例如哥哥、弟弟總是比自己受寵的女孩，特別會對婆婆存有「另一個母親」的期待，也特別敏感，容易因為婆媳關係而受傷。

對婆婆的期待

令我印象深刻的，有位女性說，她的哥哥娶了嫂嫂之後，家就變成兄嫂的，父母在她和嫂嫂爭執的時候，總是為了哥哥而維護嫂嫂。她覺得自己沒有家，因而深切地期待真正的「歸宿」，也就是未來的夫家，能有一位愛她的母親，那就是婆婆。

即使丈夫支持妻子不需要凡事遵照婆婆的規矩，許多女性還是很在意能不能被視為是「好媳婦」。另一個曾經使我詫異的，是一位媳婦

吐露：「我好氣喔！我婆婆比較疼我先生！」我太驚訝而不確定自己是不是聽錯了，還問她：「是和誰比較呢？」她說：「我啊！就是，我婆婆竟然疼我先生勝過於疼我啊！」

我疑惑地問，她先生是婆婆的兒子，媽媽疼兒子，很正常啊！她怎麼會跟人家的兒子爭寵呢？這位媳婦理直氣壯地說，她對婆婆照顧很多，可說是滿腔熱血，但先生根本懶得跟婆婆講話，自己才是一個更值得被疼愛的好女兒！

覺察自己對婆婆的期待，一種渴望被女性長輩理解的脆弱心情，才能學習如何承受與婆婆相處時，現實中不可避免的摩擦與失望。這也像談戀愛，如果太期待完美，一有誤會就崩潰，是不可能走向未來的。

適度的表露自己

有位媳婦，嫁過門與婆婆同住，婆婆每天都會準備早餐給她，可是她非常不喜歡，因為婆婆準備的早餐不符合她的健康飲食與瘦身原則。每次婆婆給她早餐的時候，她都會拒絕。但婆婆還是繼續做，她認為婆婆想要藉由餐點控制她，連她吃甚麼都要控制。

然而，這位婆婆也很困擾，還跑來問我，現在的年輕女生，早餐都吃甚麼？

婆媳的關係從零開始，沒有溝通怎麼可能磨合？一方自以為是地做了些友善的表示，另一方收到的意思卻完全相反。如果媳婦太害怕婆婆，以為「如果我表達自己，婆婆一定不喜歡我」，如果媳婦從一開始就很見外，所有事都放在心裡，那麼，原本單純的個性差異，可能被感覺為欺壓或不尊重。

善意、溫和而清楚的表達，可以增進彼此的瞭解，就像任何人際關係，交新朋友時，需要適度的表露自己，不該預期別人能夠猜透自己的喜好。

如果婆婆的觀念與媳婦真的差距太大，媳婦不可能達到婆婆的期望，但這通常不是關係破裂的直接原因。婆媳關係真正破裂，是因為在這些彼此滿意與不滿意的情緒之下，雙方失去了人與人間基本的互動。例如，媳婦感覺「婆婆嫌我沒生兒子」，因此千方百計地逃避與婆婆說話的機會，結果婆婆更要談論生兒子的事了！這是因為，一來，雙方互動少，沒有其它的事情可聊，二來，婆婆感覺自己被媳婦拒於千里之外，對於拒絕自己的人，婆婆更難主動去體諒、瞭解、心疼，但這卻是媳婦殷切企盼的。

與其逼迫自己做自己做不來的事，感覺受傷、對婆婆生氣，不如持續用自己的方式表達對婆婆的友好。主動去打點婆婆，而不是像孩子般等大人來疼愛。

「我的婆婆，是一位盡心為家庭孩子奉獻的女性。她非常細心，也很能幹。

我尊敬她，但剛結婚時非常害怕去見她。其實，我害怕的是，完全不擅長相夫教子的我，永遠無法令她滿意。

在各種因緣際會的自我成長之間，我逐漸理解自己對於一個母親角色的人物，懷有多少期待與焦慮。現在跟婆婆相處，我不再只是被動，也會主動聊我熟悉的話題，也談以後如何照顧她和公公的計畫。以前，我們的話題總是她起頭的，不是關於烹飪就是關於我先生，我以為自己在她心中很不受重視。

不久前的家族聚會，我無意間聽見婆婆對著姑婆，仔細說明我的工作多麼有意思！我很驚訝，以前婆婆只會對人誇耀她自己的女兒。回頭想想，以前我總是盡量少講話，急著逃跑，婆婆對我還真是一無所知，又哪裡找得到誇讚的地方呢！」

幸福想一想

- 真心希望和婆家親近、或是保持距離呢？
- 自己是否曾做過讓婆婆感到開心的事？
- 如果覺得自己因誤解而被婆婆冷落，你會想用甚麼方式補救？

在婆家的老公▼這位先生，我們認識嗎？

夫妻回長輩家時，常在不知不覺中讓自己表現退行，回到兒女的角色……或許這是一種現代人的彩衣娛親。

「我不喜歡回婆家！每次一回去，我老公很享受，輕輕鬆鬆坐在客廳，看電視、聊天，我卻得一直忙東忙西，一直緊張注意有什麼需要做的事，我又不是那裡養大的，為什麼回報他父母的人，是我不是他？」

平常貼心親近的另一半，回到婆家馬上變了個樣，自動切換到婚前的大少爺模式，一派輕鬆自在，茶來伸手，飯來張口，把老婆晾在一邊，替他應付婆婆，替他盡孝道。「要不是因為和這個男人結婚，怎麼會落得如此辛苦！」這樣想已經快氣壞了，更糟的是，看起來丈夫在婆家時，比在兩人的小家庭裡更快樂，更像在「自己家」？

這種心情，不知如何才能讓老公瞭解。

跟他說，「喂！你一回到爸媽家，就忘了關心我，注意力都不在我身上？」

或許，持續溝通或吵幾次架，老公會有點小改變。他可能偶爾會注意一下老婆的動態，湊過來說句體己話，運氣好時，沒人發現時，他可能願意以不顯眼的方式幫點小忙……雖然改變不了大局，但這也不無小補，至少那種「回婆家老公就消失的感覺，可以減輕一些？

「但是，看他和家人那種親近熟悉的互動，看公婆對他的寵愛，對比自己的疏離陌生，還有辛苦的媳婦角色，總覺得兩個人這個時候不是一體的，自己似乎被離棄，兩人彷彿被拆散的鴛鴦。」

如果把這種心情說出來，抱怨老公跟他家人太親近、回家太享受、太放鬆、太快樂……，這種話，好像連自己都覺得不近人情，說不出口——難道自己是個心懷怨念的老婆，竟然想要剝奪老公享受父母溫暖的人權？

來自原生家庭的慣性

對於老婆的這種心情，老公也滿腹牢騷。

「每次從我媽家回來，就得聽老婆一堆抱怨！弄得我每次回家都很緊張，戰戰兢兢，注意老婆臉色，一刻也不敢放鬆，好怕回家老婆找我算帳。連回自己家都不敢放鬆，我才可憐！」

於是，夫妻開始爭執：

老公：「妳見不得我在家舒服？你愛我就應該為我的舒服高興才對！」

老婆：「不是我見不得你舒服，是你那樣子太離譜。你在爸媽家，好像巴不得不用當老公、當爸爸，只想繼續當你媽的寶貝兒子！爸媽也真是的，好像心疼你平常跟我生活很可憐似的，一回家就給你補這補那，噓寒問暖！我活該是你家傭人嗎？」

妻子心中的不舒服，有很多細節的原因。平常跟老公在家，明明是個嬌妻，老公還常把自己當成小女孩疼愛。可是一回到公婆家，怎麼一切都翻轉了？

難道，老公內心幼稚不堪，只喜歡像婆婆這種照顧方式？所以，老公平常都在忍耐自己，總有一天會唾棄自己？

如果妻子這樣質疑老公，他一定斷然否認。「男人最討厭女人說他不成熟！」這是男性朋友給我的教誨。

「男人怎麼會不想當成人，只想當小孩？辛苦了好多年，才跟老婆共組一個自己的家。我們只是習慣，以前在家裡就是這麼過的，爸媽用老方式對我，我當然就配合演出。如果我突然變一個人，大家會很尷尬！」

這種解釋雖然不能完全說服女人，但也不是完全沒有道理。

家庭動力本來就有其慣性，不容易改變。如果兒子成家後，想扮演不同的角色，他必須克服慣性，承受必然的壓力。

想像一下，若是老公回婆家，仍像在與妻子的小家庭中，扮演丈夫與家長角色，可能對公婆帶來什麼衝擊？傳統的台灣家庭通常不預期兒子結婚會改變家庭關係，「兒子仍是兒子，只是要適應新媳婦！」。即使兒媳搬出去居住，公婆依然扮演著原來父母親的角色，兒子回家時，自然無縫接軌，填上原本的兒子位置，一切就如過去一般地運作。因此，若兒子回家，以新的方式出現，例如，主動做家事、細心照顧妻小、呈現一家之主的樣子，有時會讓父母不知所措，不知如何應對。

身為兒子的男人，不希望讓父母感覺「為了老婆，你變了這麼多！」「從沒有這樣幫過媽媽哩。」這種心情，仔細揣摩，現代的女性也常經歷的——從小被父母捧在手心，碗都沒洗過幾個，婚後回娘家時，也一樣做著大小姐。但，有天父母來訪，讓他們看到自己忙著為老公張羅餐飯、溫柔照料時，心裡也會閃過一絲不安，許多人還說，爸媽臉上好像有種感歎、失落的表情！

結了婚，成了夫，做為妻，但也都還是父母的兒女。不可避免地，我們必須面對長大成人、與父母切割的心理課題：脫離原生家庭，有依戀與不捨；培育新家庭時，更加體會父母恩情的無法償還；為了發展與伴侶的人生，不再承歡父母膝下，這又是愧疚感；自己獨立成熟，對照出父母日漸衰老的殘酷現實，這是哀傷與失落。

為了緩解這些疼痛的感受，或為了不讓父母感覺今非昔比的悵然，夫妻回長輩家時，常常在不知不覺中讓自己表現退行，回到兒女的角色……或許這是一種現代人的彩衣娛親。

夫妻之間，如果能因此瞭解而互相體諒，一起面對這些艱難的心理課題，關係會更緊密的。這是，兩人一起變老的必經過程！

婆媳關係中的男性角色

▼解鈴繫鈴人

婆媳衝突，無論是為了什麼事，都不是兩個人、而是三方面的衝突！不管想不想介入，身兼兒子與丈夫雙重角色的男人，絕對是衝突結構中重要的一方。

婆媳之間發生衝突時，身為兒子與丈夫的，應該扮演什麼角色，如何化解母親與妻子之間的張力？

無論是母親或妻子，對另一方有不滿時，都期待這個把對方帶入自己生命的男人，可以擔起責任，出來說句公道話。論親疏遠近，似乎沒有人比他更適合居中調解，婆婆想著「兒子應該懂得怎麼說服媳婦」，媳婦想著「老公應該知道他媽媽吃哪一套」，無論如何，讓男人去週旋，總比自己去理論，像個惡媳婦或惡婆婆好些吧？

面對這樣的期待，男人常覺得無辜，為什麼自己會遇上婆媳這個永恆無解的難題！

「我只能旁觀，無助地期盼她們和好，不要再對我發洩情緒，不要把家庭氣氛弄得這麼惡劣。我努力做好兒子、好丈夫，為什麼就沒辦法享受平靜的家庭生活？」

這種被動而無奈的態度，可能使婆媳衝突越演越烈。當丈夫顯露不耐或無辜的模樣，妻子常會覺得丈夫把自己視為「製造麻煩的人」，這比他站在婆婆那邊，幫著婆婆來要求自己，更讓人難受。

曾聽不少朋友抱怨，婆媳衝突中最令人傷心的，是因此發現枕邊人竟然如此陌生，無視於妻子的痛苦，或像個小孩般躲在一旁。當丈夫令人失望，妻子將更難忍受婆婆，因為，忍耐婆婆是為了誰？如果是為了一個冷漠無用的丈夫，值得這麼辛苦嗎？

婆媳衝突，無論是為了什麼事，都不是兩個人、而是三方面的衝突！不管想不想介入，身兼兒子與丈夫雙重角色的男人，絕對是衝突結構中重要的一方，想要解決問題，絕對少不了他的參與。

家庭中新的發展與角色轉換

男性在婆媳衝突傾向被動消極，主要是因為無法輕易改變自己與母親之間習慣多年的相處模式，因而無法在婆媳衝突間扮演積極的角色。母子關係是從幼兒、青少年到成年，經歷數十年發展，不斷拉鋸而形成的互動模式。每一個人如何從原生家庭獨立出來，都有不同的軌跡，這的確不容易改變。但是，隨著生命步入不同階段，母子關係需要新的發展與調適。**當婆媳不斷衝突時，往往意味著這位兒子與母親的關係，已到了需要再調整的階段，原有的關係無法適用於兒子的已婚狀態**。

丈夫置身事外，並不代表他不認同妻子的壓力和委屈，而是因為他真有兩難，不知如何是好，所以只能消極逃避。與其不斷地指責丈夫或對他宣洩憤怒，**此時夫妻需要的，是尋找建設性而非破壞性的方式，讓丈夫瞭解生命新階段的新需求，以及自身角色轉換的挑戰。從夫妻一體的立場出發，逐步改善夫妻與父母之間的關係**。

這不只是表面上的修補調停，而是一種深沈的體認，自我的重新定

位。**伴侶的情感連結與共識，才是幫助男性改變舊有模式的動力**，如果妻子只是一味指責「這是你家的問題」，要求丈夫自己想辦法解決困難，卻不願意和他合作探討可行的方法，這只會讓先生更感挫折而卻步，甚至退化到出現人格分裂的態度，不想面對母親或妻子，而妻子也將更感孤立，結果更憤怒，造成惡性循環。

以夫妻一體的角度思考

具有「伴侶心態」的夫妻（見第一章），不以個人角度看待婚姻問題，不局限於區分「你們家」「我們家」，而是以夫妻一體的角度思考，共同找出解決的方法。

例如，婆婆的批評不合理時，妻子並不需要一逕想著這是針對自己個人的問題，更重要的，是嘗試與丈夫深入討論，思考婆婆的批評對於夫妻關係有甚麼影響？可以如何協力應對？

夫妻共同找出可行的應對方法，然後分工執行。兩人的一致性非常重要，對外傳達「我們必須被當成一體來對待」的訊息，丈夫與母親之間有深厚的情感，只要確定兒子的孝心，一般母親都會有足夠的彈性，可以容納兒子的轉變。

每次都把婆媳問題當成是夫妻問題，認真而積極地面對、處理。通過這些磨練，夫妻將發展出更深的伴侶認同，不僅是在名義上或感情上，也在真實生活中成為一體，共同面對外界。

巧妙化解紛爭

有個媳婦，擔心婆婆總是食用過期的罐頭，為了婆婆的健康，她趁著婆婆外出時，將冰箱理的過期食物一舉清空。婆婆回家後，大發雷霆：「這是我的家，我的冰箱，妳憑甚麼丟我的東西！」

一般男人遇見這種狀況，不是躲起來，就是儘可能逃離災難現場。

男性居中調解婆媳紛爭的祕訣，在於「為雙方補足不擅長的地方，強調彼此的善意」。上述的冰箱事件，因為丈夫的細膩潤滑，很快就化解了，甚至還增進了婆媳感情：

得知太太衝動清理母親的冰箱之後，我在母親回家時，等在冰箱旁邊。當母親準備要開冰箱，我故作緊張，囁嚅著說：「媽，妳，不要開冰箱，妳不要開冰箱！」母親問我怎麼了，我說：「因為……我也不知道怎麼辦，小玲說要孝順妳，所以把不健康的東西都丟掉了！我一看就想，完蛋了！那都是妳最愛的豆腐乳，妳一定會氣瘋了！我現在也不知道怎麼辦，如果我說她這樣不對，她會覺得『難道我希望媽活久一點的心意，是不對的嗎？』我該怎麼辦，妳都怪我好了！」

一番調皮但又貼心的話，讓做母親的婆婆又好氣又好笑，也巧妙地強調了妻子衝動行為背後的善意。另一方面，這位先生也需要委婉地讓妻子瞭解，直接丟掉母親所有物品的舉動，會讓她的善意變成「不尊重別人的所有物」，因而不被感激，甚至引起憤怒。更理想的狀況是，**先生能夠引導婆婆從正面的角度看待媳婦，其實，一個外來的、客觀的媳婦，最能看出家中長年的積習，因而帶來新的轉變！**有一天，當婆婆願意想著：「娶了這個媳婦，我好像會變健康」時，這位丈夫／兒子的辛苦是不是都值得了呢？

幸福想一想

- 通常婆媳問題的爭執點是甚麼？如果先生不幫忙的時候你都怎麼做？
- 是否曾與先生討論關於夫妻一體的重新定位問題？
- 如果先生願意協調，你希望他跟婆婆說甚麼？

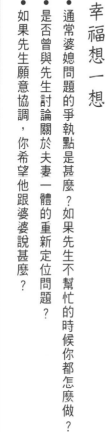

以愛相待▼超越習俗，建立「我們的家」

每逢佳節，夫妻關係就變得緊張，原本相安無事的默契都會被檢視，莫名其妙地計較公平與不公平……

「結婚以後，逢年過節，家族團圓的日子，就覺得壓力特別大，特別不快樂。從小愛過節的我，現在恨不得世界上沒有節慶！」

這是已婚女性的共同困擾。在娘家與婆家之間，即便已經找到某種日常的平衡，一旦遇上這些連結著家族意義的節日，原有的平衡總會遭受強烈的搖晃，也可能立刻崩毀，讓人不知所措。

如何過節，如何一家團聚，許多根深蒂固的傳統習俗，不但不符合現代家庭的精神，還常常造成道德與感情上的兩難危機。它們的不合時宜是顯而易見的，每個人（包括在這個制度中受益的人）多少都有感觸。除了以「尊重傳統」「社會習俗」為由，有時還真難替這些

舊俗合理化，找不出需要它們存在於現代社會的理由。

以往家庭追求人丁興旺，子女眾多是理想也是常態。孩子生得多，除非命運天平特別傾向某一方，一般家庭多半能有子有女，雖然當時男女不平等，但婚姻所連結的家族網絡，可以自成平衡。例如，出嫁的女兒不需掛心父母無人陪伴，那是嫂嫂和弟媳的責任。但是，現在不少家庭只有女兒，甚至只有一個女兒，父母在感情與實質上對女兒傾注的愛，絕不亞於對一個兒子，但社會上過節的習俗卻沒有太大的變遷，家族團圓指的仍是

夫家而非娘家。這讓出嫁女兒的性別自尊一再地被挑戰、被挫傷，深深地陷入孝道的兩難，以及對父母的歉疚。

這種習俗的受害者不只是女性，許多男性也有所感，每逢佳節，夫妻關係就變得緊張，太太暴躁易怒，原本相安無事的默契都會被檢視，莫名其妙地計較公平與不公平……吵到最後，猛然醒悟，爭執的起因原來是即將到來的年節、清明、母親節、父親節或中秋節！

年輕一代的男性多半較能同理妻子的困境，他們願意承認，這樣的安排對女性是不公平的。妻子無法與岳父母過節，女婿也常感到內疚。若是可以自主決定，許多男性都希望能不受習俗約束，每年都能依據當下的心情與偏好，選擇最愉快的過節方式。

然而，習俗具有一種頑強的約束力。不回婆家而改回娘家圍爐？公婆會怎麼想？即使公婆不拘泥這樣的習俗，親戚朋友、街坊鄰居是否會議論，而對他們造成壓力，讓別人認為自己家庭不完滿？這些擔憂讓人裹足不前，繼續按照習俗過日子。

擁抱由彼此向外延伸的連結

近年，越來越多家庭安排在年節或連假出國旅遊，除了休假的考量，其實很多都是藉此逃避「回哪邊長輩家裡過節」的爭執。太太不願回婆家，回娘家又怕激怒婆家，小夫妻乾脆假藉公司旅遊、帶孩子遊學等理由，出國避開兩難。

有趣的是，這種做法有時也讓老人家鬆了一口氣。父母親在兒女通知要出國後，自己也開心地安排旅遊：「一直以來，我們也想趁年節出遊，只是兒女要回家團圓，我們怎能離開家長的崗位？」

這些現象不免使人感嘆，年節的氣氛淡了，記憶中全家團圓的溫馨，似乎已難重現。我們也不免感受其中的荒謬，一個原本以家庭為念，用來凝聚家族向心力的團圓習俗，今日卻讓人避之唯恐不及？

如果我們能超越這些習俗，聆聽內心的聲音，家人之間是不是能夠有更好的相處方式？與其讓兒子媳婦逃避佳節團圓，不如在見面時少談家規、責任或期待，多些關懷與趣味，也許大家更願意的仍是團聚；當公婆真心鼓勵媳婦多花時間陪伴娘家父母，媳婦絕不會跑掉，而是會更願意親近公婆的。這些，豈不是簡單的將心比心？讓人無法做到的困難是甚麼？

父母子女之間，天倫之愛是最真切的。伴侶之間，承諾終身相守，親密之愛也是最真切的。橫阻於兩者之間，使其衝突而無法融合的，是我們害怕失去愛而引起的種種不安、競爭、排斥與猜忌。放下焦慮，相信自己並不會被拋棄，就能給家人更大的空間，創造每個人更大的滿足。

伴侶的珍貴緣分，在於共同成長，協助彼此成熟，讓雙方都能獲得更幸福的、被愛充滿的人生，而不是剝削對方來滿足自己。

抱持如此的愛，我們將能以更寬容的胸懷擁抱彼此，也擁抱由彼此向外延伸的連結。家，應該是一個溫暖的、彈性的，讓每個被在意的人都能牽手的，心的世界。

Final Soliloquy of the Interior Paramour

Wallace Stevens

Light the first light of evening, as in a room
In which we rest and, for small reason, think
The world imagined is the ultimate good.

This is, therefore, the intensest rendezvous.
It is in that thought that we collect ourselves,
Out of all the indifferences, into one thing:

Within a single thing, a single shawl
Wrapped tightly round us, since we are poor, a warmth,
A light, a power, the miraculous influence.

Here, now, we forget each other and ourselves.
We feel the obscurity of an order, a whole,
A knowledge, that which arranged the rendezvous.

Within its vital boundary, in the mind.
We say God and the imagination are one...
How high that highest candle lights the dark.

Out of this same light, out of the central mind,
We make a dwelling in the evening air,
In which being there together is enough.

內心情人的最後獨白

史蒂文斯 著　陳黎 譯

點起夜晚的第一道光，如同在一個房間
我們在其中歇息，並且為不足道的理由
認為想像的世界才是終極的善。

這，因此是，最熱烈的幽會。
因為那樣的想法，我們方得掙開一切
冷漠，集中精力，傾注於一件事物：

在唯一的事物中——把我們緊緊裹著的
唯一的一條圍巾——由於我們貧窮，一絲溫暖
一道光，一點力，都有不可思議的影響。

此時此地，我們彼此相忘，也忘卻了自己。
我們隱約感覺到某種秩序，某個整體，
某種知識，安排了這次幽會。

在它生機勃勃的疆域內，在心中。
我們說上帝和想像合而為一……
那點亮黑暗的最高的燭火何其高啊。

借這同一道光，借這同一個專注的心，
我們棲身於夜空中，
那兒，能待在一起就是滿足。

●國家圖書館出版品預行編目資料

學習。在一起的幸福/鄧惠文作—初版.--臺北市：
三采文化，2013.9
面；　公分.--（Mind map ；72）
ISBN 978-986-229-977-7（平裝）

1.婚姻 2.兩性關係

544.3　　　　　　　　102015554

suncolor 三采文化集團

Mind Map 72

學習。在一起的幸福

文・攝影｜鄧惠文
主編｜郭玫禎
文字編輯｜黃若珊
美術編輯｜周惠敏
封面設計｜林奕文
人物攝影｜張恩浩工作室
服裝提供｜MOMA
場地提供｜Pinknic 野餐吧

發行人｜張輝明
總編輯｜曾雅青
發行所｜三采文化股份有限公司
地址｜台北市內湖區瑞光路513 巷33號8F
傳訊｜TEL:8797-1234　FAX:8797-1688
網址｜www.suncolor.com.tw
郵政劃撥｜帳號：14319060
戶名：三采文化股份有限公司
初版發行｜2013年9月27日
18刷｜2023年6月15日
定價｜NT$300

●著作權所有，本圖文非經同意不得轉載。如發現書頁有裝訂錯誤或污損事情，請寄至本公司調換。
●本書所刊載之商品文字或圖片僅為說明輔助之用，非做為商標之使用，原商品商標之智慧財產權為原權利人所有。

suncolor

suncolor

系列作品

別來無恙

除了那些專業名詞，告訴我，
愛 到底是甚麼？

還想遇到我嗎

鄧惠文陪你走過愛的深沉與寂寞

愛情給予的回報不一定是幸福，
而是面對自己本質與極限的機會。

寂寞收據

看見鄧惠文的溫柔心事

在漫長的告別之後，
愛過的心依舊溫柔。

學習在一起幸福

在一起
學習
幸福。

神仙美眷，在天比翼，可遇而不可求。
人間伴侶，在地連理，用心得以相惜。

這不是一本捍衛僵化婚姻的書。
這是關於伴侶之間，如何認識並接待對方真正的人格，
協助彼此面對成長的創傷與恐懼，整合各個面向的自我，
建立一段真實長久的相伴關係。

suncolor 三采文化集團 SUN COLOR GROUP
建議陳列書區：綜合書區、心理勵志
9 789862 299777 00300
定價NT$300
三采書碼 013201072